中国财政发展协同创新中心国防财政原理创新成果
北京市高精尖学科战略经济与军民融合交叉学科建设成果
中国财政发展协同创新中心2014年重大协同创新任务资助成果
中央财经大学"一带一路"与区域发展研究专项项目成果

"十二五"国家重点图书出版规划项目

国防经济学系列丛书　　　　　　　　　学术文库

国防经济学系列丛书

编辑委员会

毕智勇（国家发展和改革委员会）　　陈炳福（海军工程大学）
翟　钢（财政部）　　　　　　　　　魏汝祥（海军工程大学）
董保同（国防科技工业局）　　　　　樊恭嵩（徐州空军学院）
姚　斌（国防科技工业局）　　　　　贾来喜（武警工程大学）
邱一鸣（总参谋部）　　　　　　　　雷家骕（清华大学）
周代洪（总政治部）　　　　　　　　刘涛雄（清华大学）
周　宏（总后勤部）　　　　　　　　孔昭君（北京理工大学）
游光荣（总装备部）　　　　　　　　陈晓和（上海财经大学）
余爱水（空军）　　　　　　　　　　丁德科（西安财经学院）
李　鸣（海军）　　　　　　　　　　林　晖（国务院发展研究中心）
库桂生（国防大学）　　　　　　　　杨价佩（国防科技工业局咨询委员会）
姜鲁鸣（国防大学）　　　　　　　　莫增斌（中国国际工程咨询公司）
卢周来（国防大学）　　　　　　　　安伟时（中国兵器工业集团公司）
刘义昌（军事科学院）　　　　　　　赵澄谋（中国国防科技信息中心）
武希志（军事科学院）　　　　　　　张玉华（中国国防科技信息中心）
曾　立（国防科技大学）　　　　　　李俊生（中央财经大学）
顾建一（后勤学院）　　　　　　　　赵丽芬（中央财经大学）
郝万禄（后勤学院）　　　　　　　　李桂君（中央财经大学）
徐　勇（军事经济学院）　　　　　　邹恒甫（中央财经大学）
郭中侯（军事经济学院）　　　　　　陈　波（中央财经大学）
方正起（军事经济学院）　　　　　　侯　娜（中央财经大学）
黄瑞新（军事经济学院）　　　　　　白　丹（中央财经大学）

总主编　翟　钢　陈　波
丛书联络　中央财经大学国防经济与管理研究院

"十二五"国家重点图书出版规划项目
国防经济学系列丛书·学术文库

国防财政

治理、结构、规模

陈 波 余爱水 主 编
侯 娜 张军果 副主编

中国财经出版传媒集团
经济科学出版社
Economic Science Press

编写人员

主 编：
  陈 波（中央财经大学国防经济与管理研究院）
  余爱水（中央财经大学国防经济与管理研究院）
副主编：
  侯 娜（中央财经大学国防经济与管理研究院）
  张军果（国防大学军民融合发展研究中心）
参 编：
  余冬平（中央财经大学国防经济与管理研究院）
  张 操（国防大学军民融合发展研究中心）
  李 琪（国防大学军民融合发展研究中心）
  陈利香（中央财经大学国防经济与管理研究院）
  黄 莹（吉林财经大学税务学院）
执行主编：
  陈建华（中共北京市东城区委党校）

总　序

兵者，国之大事，死生之地，存亡之道，不可不察也！国防经济学起于战争实践，又与人类的和平与发展息息相关，这些年取得了飞速发展。为全面、系统反映国防经济学发展全貌与演进，总结挖掘国防经济实践成果，展示现代国防经济学发展方向，我们组织编写了这套《国防经济学系列丛书》。

《国防经济学系列丛书》包括四个子系列：（1）国防经济学核心教材；（2）国防经济学学术文库；（3）国防经济学精品译库；（4）国防经济学博士文库。重点展示国防经济学领域学者在一般性基础理论和方法研究、国家战略层面对策研究，以及面向现实的重大应用研究等方面的研究成果。丛书选题涵盖经济与安全、战略与政治、国防与和平经济、国防财政、国防工业、国防采办、国民经济动员等相关领域，既包括国防经济学领域的基本理论和方法介绍，如《国防经济学》《国防经济思想史》等；也包括对一些国家或领域国防经济情况的专门介绍，如《美国国防预算》《国防财政学》等；还包括对国际国防经济学领域研究最新发展情况的介绍，如《国防经济学前沿专题》《冲突经济学原理》等。

《国防经济学系列丛书》瞄准本领域前沿研究领域，秉承兼容并蓄之态度，建立开放性运行机制，不断补充新的选题，努力推出中国一流国防经济学者在本领域的教学、科研成果，并希望通过借鉴、学习国际国防经济学发展的先进经验和优秀成果，进一步推动我国国防经济学研究的现代化和规范化，力争在一个不太长的时间内，在研究范围、研究内容、研究方法、分析技术等方面使中国国防经济学在研究的"广度"和"深度"上都能有一个大的提升。

在"十二五"国家重点图书出版规划项目支持下，本套丛书由中央财经大学国防经济与管理研究院发起筹备并组织编辑出版，该院组成了由国内外相关高校、科研机构和实际工作部门的一流专家学者组成的编辑委员会，参与编审、写作和翻译工作的除来自中央财经大学国防经济与管理研究院、中国金融发展研究院、中国经济与管理研究院、政府管理学院、经济学院、财政学院等教学科研单位的一批优秀中青年学者外，还有来自清华大学、北京大学、中国人民大学、复旦大学、南开大学、北京理工大学、军事科学院、国防大学、国防科技大学、后勤学院、军事经济学院、海军工程大学、中国国防科技信息中心等国内国防经济与相关领域教学与研究重镇的一批优秀学者。经济科学出版社积极支持丛书的编辑出版工作，剑桥大学出版社等也积极支持并参与部分图书的出版工作。

海纳百川，有容乃大。让我们携起手来，为推动中国与国际国防经济学界的交流、对话，为推进中国国防经济学教育与研究的大发展而贡献我们的智慧、才华与不懈的努力！

是为序。

翟 钢　陈 波

2010年6月于北京

目录 Content

国家治理、财政与国防财政（代序）
　　…………………………………………………… 陈　波（1）
国防财政治理总体思考
　　…………………………………………………… 余爱水（9）
战略、安全与国防财政治理
　　………………………………………… 余爱水　陈建华（24）
国防财政治理结构
　　…………………………………………… 张军果　李　琪（37）
PPBE 及其最新发展研究
　　…………………………………………… 陈利香　陈　波（53）
国防财政规模与经济发展
　　…………………………………………………… 侯　娜（71）
国防支出绩效评估体系
　　…………………………………………… 余冬平　黄　莹（99）
大数据与国防财政治理
　　………………………………………… 陈建华　张　操（130）

国家治理、财政与国防财政

(代序)

陈 波[*]

党的十八大特别是党的十八届三中全会在《中共中央关于全面深化改革若干重大问题的决定》中正式提出把"推进国家治理体系和治理能力现代化"作为全面深化改革的总目标以来，治理体系在国家管理中的地位越来越重要。国防财政治理涉及军队和地方两个层面，加强国防财政治理，对有效实施国防资源配置，有效维护国家安全，都有非常重要的意义。

一、国家治理、财政与国防财政的基本关系

财政乃庶政之母，是现代国家治理的物质基础、体制保障、政策工具和监管手段，国家治理能力中的资源汲取、公共产品提供、资源再分配以及调控能力等建设也与财政密切相关，在现代国家治理中具有重要的支撑作用。

(一) 财政是实施国家治理的物质基础，国防财政是国防领域公共财政的重要组成部分

财政是以国家为主体的经济行为，随着国家的产生而产生。经济范畴上，财政是国家权力机关集中一部分国民收入用于满足公共需要的收支活动。适度的财政收支规模、合理的财政保障，是一个国家政治稳定、经济发展、社会和谐、人民安居乐业的基本前提。财政对社会财富集中不够或汲取过度，都将影响经济社会发展的活力、后劲和可持续性，最终将危及国家的长治久安。国防财政是国防领域公共财政的重要组成部分，国防财政治理是指国防领域的财政治理，其主要职能是为建立坚强有力的国防和军事力量，维护国家安全、稳定提供财力保障。

基金项目：中国财政发展协同创新中心"国防财政原理创新"项目支持。

[*]陈 波：中央财经大学国防经济与管理研究院院长，教授，博士生导师。

（二）财政制度是国家治理的重要体制保障，国防财政是国防事权的重要支撑

财政制度安排体现政府与市场、政府与社会、中央与地方关系，涉及经济、政治、文化、社会、生态文明等各个方面，不仅是经济体制的重要内容，也是国家治理体系的重要组成部分。在满足现代国家治理"社会共治""边界清晰""责任明确"等内在要求方面，财政制度安排具有不可替代的重要作用。国防财政作为国家行为，涉及国防事权与支出责任划分、财权配置，以及解决部分事权与支出责任不对称而进行转移支付等国家治理的核心内容。没有财政资金投入，国防和军事建设等便无从谈起。在国防领域中，注重维护国家安全、实现国防现代化、促进国家长治久安，国防财政是坚实的基础和制度机制的先导因素。

（三）财政政策是有效实施国家治理的重要政策工具，国防财政是国防资源配置的重要手段

一般认为，财政政策和货币政策是政府实施宏观调控的两大政策工具。财政政策作为政府优化资源配置、调节收入分配、促进经济增长的主要政策工具，通过对市场易于过度提供或供给不足的产品和服务进行纠偏和校正，实现社会资源的有效配置；通过支持健全社会保障体系，综合运用税收、转移支付、财政补贴等政策手段调节社会财富分配，促进社会公平；通过发挥财税政策的自动稳定器和逆周期调节作用，熨平经济波动，促进经济稳定增长，在推进国家治理现代化中有着不可替代的重要作用。国防财政是国防资源配置的重要手段，国防支出的流向和流量，反映国家的战略意志。国防预算管理作为规范国防财政收支及运行的基本制度，集中反映了国防支出的规模、范围和方向，决定了预算分配权和公共资源在国防领域的配置，也是社会公众对国防经费进行监督的重要依托。

（四）财政约束是提升国家治理能力和水平的关键监管手段，国防财政是增加国防能力的关键环节

现代国家治理的核心是现代政府治理，政府治理的关键是财政监管与预算透明。财政收支活动覆盖了全部政府职能的履行，涉及政府机构、私人部门和公民个人等各方面的利益。财政约束通过加强监督管理，推动制度的执行落实，对市场主体及政府自身行为进行规范和制约，可以有效规范公共事务管理，是提高国家治理效率的关键手段。国防财政主要职能是在财政约束下，把国防资源科学合理配置于国防相关领域，实现相应国防能力提升，是增强国防能力的关键环节。

二、国防财政治理存在的问题

新中国成立70年来，党和国家为维护国家的独立、主权、领土完整和安全，着眼打赢现代化大规模全面战争，在不断加强国家武装力量建设和战备的同时，始终不渝地高度重视和加强国防财政工作，为打赢战争、赢得和平提供了有力的保障。但也必须看到，随着我国经济建设和国防建设的快速发展，新时期国防财政治理尚未能跟上我国战略需求调整和经济发展的步伐，还存在一系列问题，主要表现在以下几个方面：

一是国防财政与军事需求的对接机制尚不完善。总体上看，国防财政不生产一般商品，不直接在市场中创造商品的货币价值，而是生产国家安全公共产品。和平时期，国防财政要为保障防务的适度发展服务，战时国防财政则直接为战争需要服务。因此，国防财政与军事需求之间应当建立密切的关系，反映并保障军事需求的顺利实现。在发达国家，如美国通过三位一体的战略规划系统——联合能力集成与开发系统、规划—计划—预算与执行系统、国防采办系统在军事需求、国防财政与国防采办之间建立了既相互配合又相互制约的战略管理系统，这之中的规划—计划—预算与执行系统较好地解决了战略目标与国防资源分配之间的关系，针对预期军事需求进行国防预算，在既定财力约束范围内为作战司令官提供兵力、装备、保障的最佳组合。中华人民共和国成立后，我国在军事需求与国防财政连接机制方面进行了艰苦的探索，但到目前为止，尚缺乏具可操作性的成熟机制，仍需要进一步探索。

二是市场经济条件下的国防财政治理模式尚未完全形成。现代国家治理作为与现代国家、市场经济相对应的一个概念，更加注重契约精神和协商合作，是对管理、统治等治理理念的扬弃与升华。按照计划经济体制模式设计的国防财政顶层设计在中华人民共和国成立后一段时间内充分发挥了社会主义集中力量办大事的优势，但随着我国由计划经济体制向社会主义市场经济体制的全面转轨，市场开始在整个资源配置中发挥基础性作用。国防财政作为国家行为，无疑仍应由国家主导，但在这种情况下如何进行国家主导？国防财政的国家主导和市场机制之

间应如何实现无缝连接？使之既能发挥国家主导的优势，也能发挥市场主体的积极性，实现最少投入，最大产出？显然在这方面并没有找到好的"制度安排"，以致社会主义市场经济体制这一"制度环境"与国防财政这一具体的"制度安排"之间的"冲突"越来越突出，甚至几乎还是"套用"计划经济的国防财政管理模式来管理市场经济条件下的"财政"问题，严重滞后于市场经济条件下军民融合的要求。

三是国防财政"碎片化"管理问题比较突出。中华人民共和国成立后，我国在国防财政管理机构建设上经历了一个长期的探索过程。除国务院系统主要是财政部负责国防经费的总体拨付外，代表军方的经费管理机构多次变化。1950年6月，成立中央人民政府人民革命军事委员会总后方勤务部财务部。1954年1月，改隶中央人民政府人民革命军事委员会直接领导，称中央人民政府人民革命军事委员会财务部。1954年10月，改称中国人民解放军财务部。1955年8月，改为中国人民解放军总财务部，成为八总部之一。1957年5月10日，总财务部又重新并入总后方勤务部，称中国人民解放军总后方勤务部财务部。1960年4月起，改称中国人民解放军总后勤部财务部。在这次军改中，财务部改称财务局。目前比较突出的问题是政府对军事部门拨款多渠道运行，一方面，政府通过财政部门直接对军事部门拨款与通过非财政部门间接对军事部门拨款并存；另一方面，政府除直接对军队后勤财务部门拨款外，还直接对联合参谋部、装备发展部、火箭军、空军、海军以及国防动员等部门拨款，多头管理，"碎片化"严重，国防财政治理中管理分散、投入重叠等问题仍然存在，一些跨部门、跨领域、跨系统的重大事项缺乏资源统筹管理，不利于国防事业的统筹规划和综合平衡。

四是仍缺乏常态化的国防财力动员机制。由于国防财政存在平时状态和战时状态，所以两种状态间就必然存在互相转换的问题，这其中最主要的转换就是平时国防财政向战时国防财政转换，也就是如何将适度发展的国防财政向扩展的国防财政转换，这种转换的关键是国防财力动员，即在整个社会资产财力系统中筹措服务于战争的财力，这也是国民经济动员中的一个重要环节。常态化的国防财力动员不仅需要规划，也需要一定的法律、政策和资金保障其运行，但目前我国财力动员在这些方面均显不足，这主要表现在：（1）这方面的法规或"缺位"或不具可操作性；（2）尚未形成适合市场经济的常态化的动员资金补偿标准等，造成国防财力动员和其他动员的财力保障越来越难以有效落实。

国防财政治理中存在的这些问题，既有客观方面的原因，也有主观方面的因素。客观上看，中华人民共和国成立70年的时间内，从计划经济体制再到市场经济，从一个经济弱国快速发展到经济总量最大的发展中国家，这些年我国经济基础发生了翻天覆地的变化，但作为上层建筑，国防财政的国家顶层设计未能跟上经济基础的快速发展，这是客观情况所决定的。从主观上看，面对世界科技、军事实践的迅猛发展，在国防财政理念、机制、法律和政策方面，还没有足够重视，在改革和机构调整中，一度弱化国防财政职能的情况也部分存在。因此，加强新时期的国防财政治理，已成为迫在眉睫的命题。

三、国防财政治理需处理好的关系

治理体系的本质含义是规范权力运行和维护公共秩序的一系列制度和程序。国防财政治理体系建设，涉及经济和国防两大部门，装备、后勤、交通、医疗、储备、动员等诸多领域，因此加强国防财政治理，至少需要处理好以下三个方面的重要关系。

一是国防财政与国防建设的关系。国防财政的主要目的是为国防和军事服务，所以国防财政不同于一般的经济问题、财政问题，仅仅从经济属性方面考察国防财政是不够的。需要根据国防财政的内在规定性，在满足经济属性的同时，满足国防属性，实现国防财政和资源配置的帕累托最优。国防属性是国家意志的体现，是以维护国家安全利益为核心的一种趋向，这是第一位的，是国防财政中需要首要重视的特殊之处，也是国防财政存在的价值之处。

二是国防财政与经济发展的关系。国防财政也必须考虑经济属性，因为资源总是稀缺的。这里的经济属性就是在国防财政所确定的资源配置中，必须考虑以最少的投入取得最大的效益。经济属性包括人、财、物的最佳组合，这是价值规律作用的体现，是市场经济条件下实现国防与经济协调发展的重要要求，也是国防财政需要考察的重要方面。

三是国防财政中政府与市场的关系。经济建设和国防建设是紧密联系的有机整体，面对共同的国内外要素、产品和技术市场，受到市场机制的作用和协调。但是由于市场失灵的存在，特别是在需要兼顾国家安全和经济发展需要的国防财政方面，国家协调就成为必需。国防财政治理要处理好政府与市场的关系，既要发挥政府的科学引导作用，更要发挥市场配置资源的基础性作用。国家在国防财政治理中的主要职责是，明确国防财政定位，并据此配置公共资源，完善法律法规和政策，综合运用各种手段，引导市场主体根据相关国防政策、经济政策、财政政策等，促进国防财政治理全面协调可持续发展。国防财政治理也要重视市场机制的作用，通过编制规划和制定政策，引导生产要素向国防生产性领域集聚，通过健全法律法规和规划体系来约束不符合国防财政治理的行为。

四、国防财政治理需把握的重点

国防财政治理是个系统工程，从治理主体看，涉及军队、政府、企业、公民等，其中既有宏观调控者，又有需求方、供给方；既有军队各级部门，又有政府职能部门和企事业单位；既包含国有经济实体，也涉及私营经济实体。既涉及传统领域，也涉及新兴领域。这是典型的多元化治理主体，而多元化的治理主体更需要加强治理体系建设，提高国家治理的执行力。

（一）科学构建治理架构，强化国防财政的执行力

治理体系最本质的要求是治理的执行力。在国防财政治理体系建设中，无疑首先应强化国家权威，这是由国防财政治理的"公域性"决定的。国防财政治理内容不但属于典型的公共事务领域，而且是国家层面上重要的、影响国家安全的全局性事务。针对现在我国经济建设和国防建设之间二元体制结构相对固化，协调机制困难重重的情况，应把建设权责明确、执行力强的治理机构放在突出的位置。其次应理顺军地国防财政对接机制与对接关系，搞好军地之间以及军地各领域内部各部门之间的协调，建议赋予国家安全委员会在国防财政方面的统筹决策权，由国家财政部门和军队综合财务部门承担日常工作，军方重视探索建立独立的综合财务部门实现与政府部门的统一对接。远期可逐步探索按照《中华人民共和国宪法》和《中华人民共和国国防法》有关规定，建立专门的国防财政预算管理机构，在国务院和中央军委的共同领导下，统筹做好国防财政工作。切实解决国防财政中多头管理以及管理机构缺位、越位和错位等问题，实现对国防财政的高效和集中统一领导。

（二）理顺国防财政关系，明晰国防事权与支出责任

现代国防治理中，治理主体最主要的要求是作用边界清晰，责任明确。政府与市场、政府与社会、国家与公民个人之间的作用边界划分清晰，对各参与主体的职责范围、权利、义务有明确规定，用制度约束政府权力运行，

规范市场主体、公民个人的行为。党的十八届三中全会明确提出要发挥中央和地方两个积极性，建立事权和支出责任相适应的制度。事权就是各级政府履行国家治理职能开展具体相关事务、事项、工作的权力。事权按不同政府层级分中央事权、地方事权、中央委托地方事权、地方政府之间上级对下级政府的委托事权等。支出责任就是政府在履行国家治理职能的过程中，对承担的具体事务、事项、工作有责任应提供或筹措必要的经费或资金并实施支出管理，以保障其事权事务等工作的顺利完成。事权和支出责任相适应就是各级政府承担的事权要有合理、清晰的界定，并有与之相匹配的经费或资金对应，尤其是在各级政府发生委托事权的过程中，做到经费或资金的责任主体同时转移、拨付相应的经费、资金，以保障事权或委托事权的顺利完成。国防作为事关国家安全与发展的特殊领域，中央与地方事权与支出责任划分更具有重要作用。我国中央政府承担了主要的国防事权和对应的支出责任，但各级地方政府在民兵预备役、兵役、国防动员、人民防空、国防教育、国防设施保护、退役军人安置等方面也有相关事权和相应的支出责任，只有进一步明晰中央和地方在国防领域的事权和支出责任，实现事权划分与支出责任的一致，从而使支出责任分担更加科学，财政投入更趋高效，才能为国防和军队现代化建设做好保障。

（三）国家主导与市场运作相结合，实现国防投入"共治"

从国家治理的角度看，财政虽然是以国家为主体，但财政治理的主体呈现多层化，即在多元化的治理主体中，既包括公共部门又包括私人部门、政府行政机关、企业组织、居民自治组织以及公民个人等。国防财政治理内容的多样化要求治理手段的多样化，治理手段不再强调单一的自上而下的统治手段，而强调"共治"。我国实行社会主义市场经济体制，因此，必须充分发挥国家主导和市场基础性配置资源的共同优势。国家的主导作用主要体现在：一是统筹规划，即制定和实施国防财政战略规划，从国家层面把国防财政纳入国民经济、国防和军队建设总体规划；二是体制机制建设，构建军地协调、需求对接、资源共享、利益共赢的高效国防财政运行机制；三是重大项目保障，即做好一些重大国防领域项目，以及重大基础设施和海洋、天空、信息等关键领域的国防财政保障；四是政策法规建设，建设有利于国防财政的政策法规和运行"生态"环境等。社会主义市场经济中，市场在资源配置中起决定性作用，市场运作是市场经济的基本运行方式和本质要求，因此，在微观上，国防财政也必须遵循市场经济规律，按照市场经济法则运行。在国防生产等领域，必须充分发挥价格、税收、信贷等经济手段在国防和军队建设中的作用，实现产业规模的扩大和生产要素的聚集。

（四）建立现代国防预算制度，强化国防规划、计划、预算与执行全过程管理

国防预算制度是国防财政制度的核心载体，因而是现代国防财政治理的关键环节，对推进国家治理体系和国防财政治理能力现代化都具有重大意义。这些年来，我国国防财政领域以调整预算编制方法、内容、程序和形式为主线，以改革总部和大单位预算编制为重点，以细化预算编制为突破口，国防财力资源配置效率有了较大提高，但与现代国家治理相比，还有很大的差距，因此要进一步加强现代国防预算制度建设：一是重视能力建设，增强与国防和军事战略的对接。规划阶段的指导思想由"基于威胁"向"基于能力"转变，使军事需求同规划、计划更加协调。二是规范国防经费分配程序，提高国防经费分配效率。三是实行绩效度量分析，注重效益评估。更加注重执行过程的评估和投资效益的考核。客观评价国防经费分配效益，逐步建立客观、公平和规范的效益评价机制，形成从预算安排、经费开支使用到事业成果评估的一整套效益考评机制。充分借鉴西方发达国家如规划—计划—预算与执行（PPBE）等一系列行之有效的制度要素，结合我国的实际情况和制度框架进行修改完善，逐步形成具有中国特色、运行顺畅的具有权威性、严肃性、可操作性的现代国防预算制度，强化国防规划、计划、预算与执行全过程管理。

参考文献

[1] 张小劲，于晓虹. 推进国家治理体系和治理能力现代化六讲［M］. 北京：人民出版社，2014.

[2] 陈波. 国防经济学［M］. 北京：经济科学出版社，2010.

[3] 张羽. 中华人民共和国国民经济动员史［M］. 北京：军事科学出版社，2014.

[4] 司彤. 国家治理视野下的现代财政制度［J］. 财经问题研究，2014（10）.

[5] 叶青. 国家财政治理体系的现代化之路［J］. 人民论坛·学术前沿，2017.

[6] 欧文汉. 关于财政促进国家治理现代化的思考［J］. 财政研究，2015（8）.

[7] 贾康，龙小燕. 财政全域国家治理：现代财政制度构建的基本理论框架［J］. 地方财政研究，2015（7）.

国防财政治理总体思考

余爱水[*]

> [摘　要] 国家财政治理是国家治理和财政治理的重要组成部分，加强国防财政治理，对有效维护国家安全具有重要意义。国防财政治理是财政治理的重要组成部分，是国家治理能力的重要体现。总结我国国防财政规模治理、结构治理和运行治理，可以掌握国防财政的基本规律，优化国防财政治理效率，构建合理的国防财政规模增长与决策机制、科学的国防财政结构体系和符合法制运行的治理体制，有效提升国防能力，为国家财政治理和国家治理提供治理模式。
>
> [关键词] 国防财政　治理　国防能力

　　国防财政是货币化的物质形式。国防财政治理包括规模治理、结构治理和运行治理。国防财政治理能力直接反映了国家统筹经济建设与国防建设的能力，是国家凝聚社会意志、获取"和平红利"、产生巨大国际影响力的重要保障。国防财政有效治理，能大大降低国防财政运行和治理成本，激发全社会创新活力，获得国防能力和国家整体利益、综合效能最大化。强化国防财政规模治理，能有效改善财政决策效率和质量，在确保满足国防需要的前提下，优化国防财政规模；强化国防财政结构治理，能促进既定国防财政规模配置合理化、最优化；强化国防财政运行治理，能通过现代财政制度明确事权责任，约束运行主体权力，激励潜在国防建设能力，可有效防范各种风险和主客观问题。

　　由于国防财政治理专业性比较强，特别是以往在这方面重视不够、研究不够，甚至对于与此有关的一些基本概念都没有弄清楚。因此，本文围绕国防财政

---

[*] 余爱水：北京军区空军原副政委，中央财经大学国防经济与管理研究院研究员、博士生导师。

治理的基本原理、基本内涵、基本方法、基本规则，着重从规模、结构、运行三个方面探讨国防财政治理的理论与实践问题。

一、国防财政规模治理

国防财政规模的大小一直以来存有争议，最主要的争议是较大的国防财政规模会影响国家经济发展和社会福利。这一思想源于农业经济时代（该时代战争频发），超过一半以上的国家财政用于国防建设，对社会发展和经济建设有较大的负面影响。直到现在，较大比例的国家财政用于国防建设也会对国家经济发展产生负面影响，这一思想认同者较为普遍。因此，迫切需要从理论和认识上澄清几个重要问题。

（一）从国防财政理论逻辑上认识国防财政规模

国防财政的量是国防财政规模的度量。国防财政规模最直观的反映是货币量的多少，货币作为价值交换的媒介，代表了可配置到国防部门的物质资源量的大小。

在理想状态下，国防财政按照预算支出转化为国防能力。国防能力是一国拥有投射力的总和，在敌对方投入国防财政规模相对增量或技术不变时，一国的国防能力不会改变，可由投射力/单位费用与总费用乘积共同求出。国防能力根据来自不同空间的威慑力感知，按照最基本的投射力进行拆分。敌对方在某一区域投入的国防财政规模会形成威慑力，它是国防能力一种固有的表现形式。只有在国防财政规模相对增量变化或技术进步的作用下，国防能力才会提高，并促发敌对方进行创新研发，形成反制的技术进步。战争胜负一定程度上取决于武装力量的投送速度和力度，投送速度越快、力度越大，赢得战争主动权就越大，但所需要的战争费用和技术进步也就越高。

投射力是指将要发生的战斗和已经发生的战斗所能投入的部分或全部武装力量的能力，包括物质和人的精神（根据战斗或战争规模的大小决定）的总和。投射力是一种意愿和行动综合的结果，只要在正确预知和通往正确目标上行进，投射力就具有一种不受外界影响的速度。投射力是国防能力的度量，可由运输物质速度和物质质量的乘积共同求出。投射力的变化规律和特征是，投射速度越快，投射力越强；投射量越大，投射力越强。现代战争是全时信息化动态作战，战争双方始终处于兵力投射的前置状态，战争各阶段交战双方都会持续增加投射力，以保持对敌对方形成绝对优势。

威慑力是指国防能力所能覆盖的空间，并确保该空间区域安全的能力。敌对双方在空间中拥有相同或相近的威慑力，它们的相互对抗能力呈均势状态。敌对双

方依据自身国防能力覆盖空间的威慑力会在某一空间形成相切面，一方威慑力的改变会引发敌对方国防能力覆盖空间的变化，从而会引发敌对方威慑力的变化。威慑力与国防财政规模有关，即投入的物质资源和人力资源直接相关。国防财政规模越大，所具有的威慑力就会越强，形成的安全空间也就越强。威慑力与产生威慑力中心源的距离成反比，中心源形成的威慑力向周围空间梯度衰减传递，这是由国防能力所能覆盖的空间决定的。一方在某一地区拥有的武器装备和军事人力会形成威慑力，该地区武器装备（性能等同于敌对方）和军事人力资本越多，威慑力也就会越大。威慑力所辐射的范围会止步于敌对方所形成的威慑力区域，并在威慑力所能达到的最远面上形成均势。威慑力中心位置发生变化会影响双方投射力的变化；如果中心位置与敌对方中心位置趋近，均势就会发生变化，就会引发敌对方投射力的变化。威慑力可以阻止敌对方将国防能力转化为战争。敌对双方威慑力形成了均势，则敌对双方在同一空间区域具有较为稳定的安全态势。

国防是一种公共产品，同时也是一种公共必需品。一国公民必须承担为建设国防能力所付出的物质资本或人力资本，以获取安全需求。通常，人口越多，公共安全需求就越大，所需要的国防财政规模也就越大。同时，国防财政规模与敌对方综合威慑力有关，如果敌对方威慑力以恒定值在增加，那么我方国防财政规模也会以威慑力正比趋向增加。世界发展史及战争史告诉我们，一国在军事能力处于弱势的情况下，就会随时面临战争失败的威胁，区域内不安全和不稳定因素会长期影响该区域的投资、贸易和经济发展。

（二）从世界主要国家国防财政规模比较上确定国防财政规模

随着工业化与信息化发展，世界主要国家国防财政规模占 GDP 总数呈下降趋势。21 个 OECD 成员国平均国防负担在 20 世纪 60 年代为 3.55%；70 年代下降至 3.06%；在 80 年代继续下降，平均值为 2.91%；90 年代其平均值下降为 2.15%；21 世纪第一个十年则仅为 1.72%。整个期间，国防负担最高值为美国的 5.74%，而最低值为日本的 0.94%。大多数 OECD 国家在"冷战"结束后，削减了国防财政规模。近年来，英国、加拿大和芬兰小幅增加了其国防负担，而美国在 2001 年之后，国防负担骤增，从 3.4% 增至 4.8%。[①] 美国的国防财政规模是为了确保霸权强权和地缘政治强势。欧洲是防务联盟投入，地缘政治复杂，但核心地区如英

---

① Stockholm International Peace Research Institute（SIPRI）. *SIPRI Yearbook*: *Armaments*, *Disarmament and International Security* [M]. Oxford: Oxford University Press, 2013.

国、法国、德国、意大利等国地缘政治相对简单，虽然国防财政规模占 GDP 比重减少，但投入规模相对增大。俄罗斯虽然地缘政治相对复杂，国防财政投入相对发达国家较小，但其拥有实在的核威慑力，确保了国防能力。印度是南亚地区的人口最多、面积最大的国家，国防财政规模相对周边国家较大，并注重国防工业技术积累。

目前，我国仍然面临复杂的地缘政治，并由此带来严重安全威胁。在外部特殊因素推动下，极有可能导致战争发生，这是我们考虑和确定国防财政规模的根本依据。要通过安全威胁评估，来确定国防财政规模在多长时间内达到与敌对方形成威慑力的国防财政规模相等，并在下一个时期量的累积上也达到相等，而且技术上要更具有优势。刘祖晨（2013）认为，根据世界主要国家国防财政规模测算结果表明，我国最优防务负担（即国防财政支出占 GDP 的比值）区间为 ［2.09%，2.83%］，中值为 2.46%。我国防务负担提升至 2.5% 水平是符合国际惯例的可持续水平，但实际上我国远未达到 2.5% 这一数值水平，这就意味着我国国防财政规模还有较大的增长空间。

（三）从周边国家实际军事能力（威慑力）评估上调节国防财政规模

评估我国周边国家军事能力形成的威慑力，必须充分考虑大国介入形成的区域军事联盟（如美日、美韩、美越、美印、日印军事联盟）产生的威慑力。按照美国"亚太再平衡"战略，美军 60% 的兵力部署在亚太地区，那么将会有 60% 以上的国防财政支出用于亚太地区，2017 年美国国防财政规模是 5827 亿美元，按照其针对中国的情形，如果有 30% 军力形成的威慑力是指向中国的，那么其国防财政规模约 2000 亿美元。2017 年我国国防财政支出总额约为 1 万亿元人民币（约为 1500 亿美元），如果 60% 军力部署指向东海与南海，那么就是 1000 亿美元。我国国防财政总体规模与美国亚太军力部署的 25% 相当，即使将 60% 军力部署在东南沿海，仍与美国"亚太再平衡"军力有较大差距。如果美国指向中国军事部署提升，我国就会面临威慑力侵蚀，由于力量对比明显失衡，不能有效保护领土主权，如美国肆意派军舰和飞机进入我国 12 海里经济专属区航行，抵近侦察等军事活动。如果美国为了减少"劳师远行"带来的潜在威慑力减弱，必定会寻求修建更多的军事基地或移动航母，或者组建更多的军事联盟，以应对中国武器装备的更新，那么对我国形成的威慑力就会更大。①

---

① Anthony H. Cordesman. *The FY 2017 Defense Budget and the QDR*: *Key Trends and Pata Points* ［R/OL］. www.csis.orf/burke/reports，2017.

（四）从国防能力对经济社会建设发展的深度影响上把握国防财政规模

国防财政规模需要根据所面临的他国国防财政支出形成的军事能力并由此带来的威慑力综合考虑，为达到均势而必须支出的国防财政量。随着国际安全形势的发展变化和我国经济实力的不断增强，我国必须加大国防财政投入，直至达到相当的威慑力，形成地区性均势或略占优势。国防能力比较优势形成的威慑力可以度量国防财政规模，以此来确定国防财政规模增长机制。我国国防能力所要达成的安全目标应该设定为：我国与世界军事大国可能发生大规模战争甚至极限战争时，能以优势军事力量获取战争的胜利。这种国防能力就应作为指导我国国防能力建设的终极目标。国防财政规模首要在达成国防能力终极目标下进行估算，即打赢现代信息化极限规模战争的目标下进行估算。如果脱离了这个终极目标，就会丧失避免和打赢战争的主动性，即在止战和迎战能力上不足。这不仅会使国家安全遭受严重威胁和破坏，也会使国家经济建设遭遇极大损害甚至走向崩溃。同时，国防能力的弱化会对已构建的国际贸易体系造成严重的影响。世界绝大多数国家都希望和中国进行贸易往来，中国国防能力建设对国际贸易和国内经济建设具有极为广泛深刻的意义和价值。

国防财政规模增长，应是中长期规划国防能力建设和结合预测经济增长而确定的逐步增加的国防财政投入。较大的国防财政规模怎样影响经济建设和国防建设的发展，是必须要充分考虑的关键性问题。没有全面考虑国防领域技术进步和技术转移对促进经济增长的影响，就不能准确科学地判定国防财政规模对经济建设的影响。从以往的经验看，工业化前期，较大的国防财政规模会对经济增长产生负面影响，国防部门供需模式以供给为主导，会导致武器装备过度供给。工业化中期，国防领域创新产生的技术要优于民用部门，国防财政支出追求创新以及技术应用，生产了大量的先进武器装备。国防财政支出趋向于以武器装备技术创新，可以发展军民两用技术，并参与市场需求，弥补市场技术需求。国防部门与民用部门一体化创新的难点主要是技术进步的普适性，军事技术向民用技术转化的能力决定了经济发展。较大的国防财政投入意味着更大的创新研发投入，产生更多新的技术。工业化后期，创新是全要素增长的动力，也是推动经济建设和国防建设的动力。从图1可以看出，中国GDP增长率和技术进步速度基本保持一致，在经济增长较快的时期，技术进步速度也增长较快，在经济增长率下滑时，技术进步速度个别时期为负数。GDP平均增长率为9.9%，其中技术进步增长速度贡献了均值的1.9%。我国国防财政规模应从GDP增长率中分离出由国防技术创新对经济增长率贡献的部分，并从技术进步速度中分离出国防研发对技术进步速度的贡献。

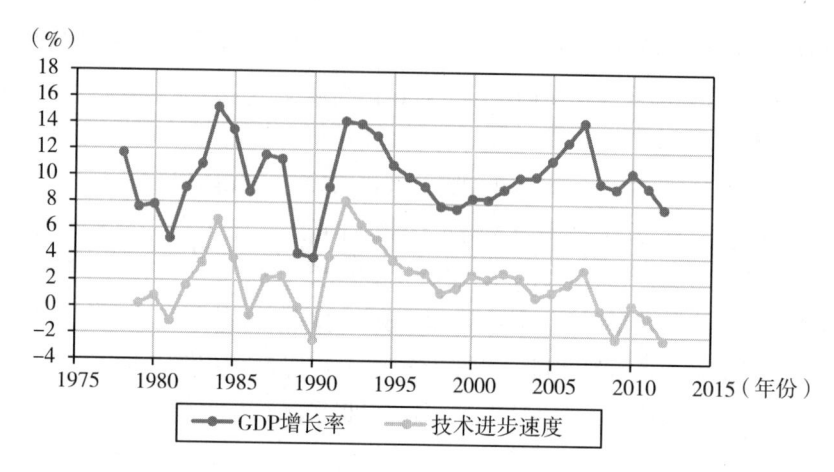

图 1 1975～2015 年中国 GDP 增长率和技术进步速度趋势

资料来源：根据历年《中国统计年鉴》数据制图。

在确定了国防财政规模基数和总量的前提下，国防财政规模增长率要尽可能利用好国防财政支出对经济影响的积极方面，将技术进步速度及时有效地转化为国防财政，并确定投资部分中哪一部分是由国防财政支出带来的并能深度调整产业结构和经济结构，以此确定在规定期限内达到所要求的国防财政规模总量的分期递增比例。国防财政治理最主要的目标是提升国防能力，关注的是武器装备与军事人力资本适应性，以及技术进步变化。

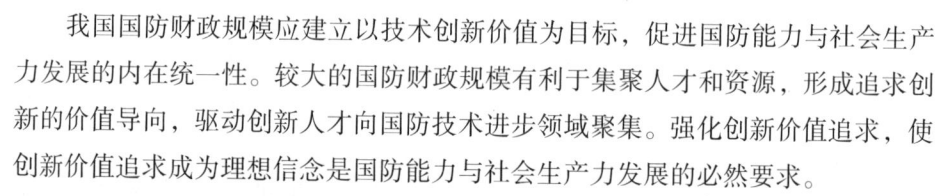

我国国防财政规模应建立以技术创新价值为目标，促进国防能力与社会生产力发展的内在统一性。较大的国防财政规模有利于集聚人才和资源，形成追求创新的价值导向，驱动创新人才向国防技术进步领域聚集。强化创新价值追求，使创新价值追求成为理想信念是国防能力与社会生产力发展的必然要求。

二、国防财政结构治理

国防财政结构是依据构建国防能力各要素的重要性确定国防预算支出比例，是国防财政治理形成的关键要素。国防财政结构治理具有相对静态和动态变化两方面特征，深入把握这两方面特征以及运行的基本规律，对于指导国防财政治理具有重要意义。

（一）国防财政结构静态特征

国防财政结构静态特征可以确定一个国家军队的总体规模和军兵种相对稳

定的比例、军事人力资本与武器装备相对稳定的比例和适应性、后勤保障规模的相对固定等。在敌对方技术发展相对平衡的状态下，一国军队总体规模和军兵种结构相对稳定，因此国防财政结构相对稳定。以美军为例（见表1），2017~2018财年，美国各军兵种比例相对调整不大，但国会授权与军兵种实际需求有所变化。美国国会授权陆军人数增加额度为10000人，2017年美国国防预算授权6190亿美元，2018年美国国防预算授权6920亿美元（不包括海外应急拨款）。

2018年美国国防预算授权中陆军预算额度为1660亿美元、空军预算额度为1830亿美元、海军预算额度为1800亿美元，美国陆军人数最多，但所获预算授权支持在军兵种中却占比最少。《2018年国防授权法案》重点支持美军增加部队人员数量、加强航空力量战备程度、增加海上存在、加强设施维护、强化导弹防御和增购关键弹药。美国国防财政支出6大项分别为：军人生活费用、运行维护费用、装备采购费用、研发与评估费用、周转管理基金费用、军事建设费用。特朗普执政以后，大幅增加美国国防预算，2018年美国国防预算各项增加额度增长幅度较大，各项国防财政支出都相对增加幅度较大，特别是研发费用比2017年增长了14.4%。对比2017年和2018年美国国防预算授权各项财政支出比例（见图2和图3），其支出结构相对较为固定，趋于静态式的国防财政支出结构，很好地保持了各军兵种的比例和武器装备采购、研发的总体平衡。

表1　　　　　2017~2018财年美国军兵种结构、人数变动

美国军兵种	2017财年军兵种实际人数与实际需求	2018财年国会批准军兵种人数	军兵种人数变化	2018财年军兵种实际人数	理想变动数
陆军	476000	486000	10000	481000	5000
海军	323900	327900	—	327900	—
海军陆战队	185000	185000	—	186000	1000
空军	325100	325100	—	325100	—
总人数	1314000	1324000	10000	1320000	6000

资料来源：Pat Towell, Lynn M. Williams. FY2018 National Defense Authorization Act [R]. Congressional Research Service, 2017 (1).

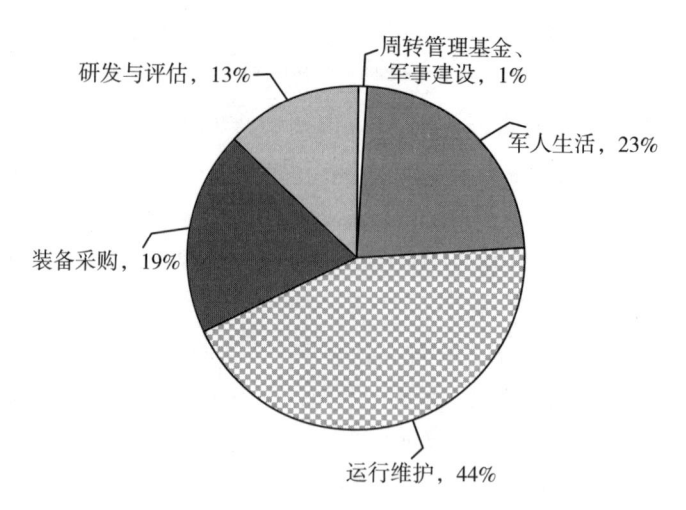

图 2　2017 财年美国国防预算授权

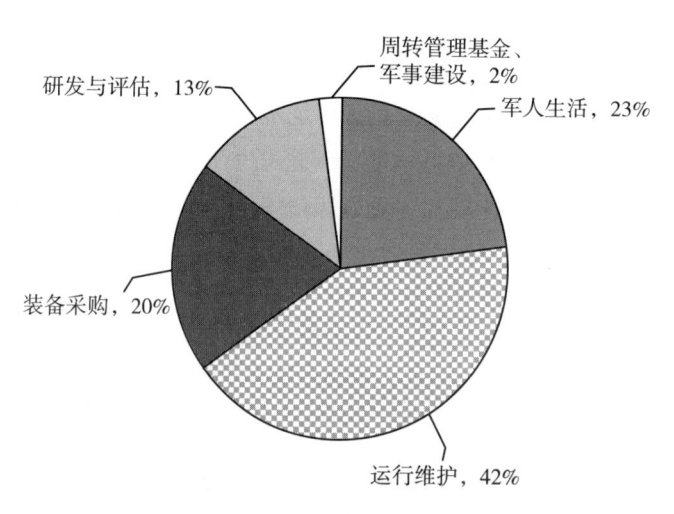

图 3　2018 财年美国国防预算需求

美国一直将军队视作"最重要的战略资源",国防财政支出高度重视军人生活待遇,在 2017 年国防财政预算中,与人员有关的经费约 2508 亿美元,占国防财政 47.9%。美国将采购费用和研发费用分开列支,保持相对固定比例,可以有效保障武器装备技术的迭代更新和保持足够强度的研发,通过采购政策向新技术、新装备倾斜,保证新技术快速转化与应用。

我国国防财政结构与各军兵种比例相对固定,但由于我国军兵种结构力量是

从陆军演变而来，国防政策趋向于防御型，陆军相对规模所占比例较大。我国国防财政规模相对较低，军人生活费用支出较大，与其他行业相比，军人生活待遇反映到实际社会地位并不算高，军队吸引人才不够充分。同时，国防装备采购和研发列支区分不严格，造成装备技术研发和装备采购混为一体，不能突出重点创新领域。

（二）国防财政结构动态特征

国防财政结构动态特征包括军队各军兵种比例的调整、军队内部军事人力资本与武器装备的适应性、国防装备采购与技术创新应用等。国防财政结构的调整会随着军兵种结构和技术进步而进行调整，掌握国防财政结构动态特征可以确定军兵种规模结构调整的方向、国防能力建设转型的方向以及潜在国防能力的评价。

一国军队规模和军兵种结构是依据地缘战争历史进行构建和发展的。一个纯内陆国家无海岸线争端，就不会注重发展海军。鸦片战争之前，我国受到的军事威胁主要是来自北方的游牧民族；鸦片战争之后，我国受到的军事威胁主要是来自海上。因而，我国军队历次改革都是相对缩减人力密集型的陆军规模，增强技术密集型海军、空军、火箭军和战略支援部队等新型军事能力的发展。强大的海军和空军等多兵种的联合作战是未来战争发展的方向，也是国防能力建设的方向。我军进行的大力度改革，恰好适应了这一根本趋势和要求，进而也需要国防财政结构进行相应的改革调整。

国防财政结构可根据武器装备技术标准和军事人力资本相结合，划分为不同的军兵种。我国实施军队改革后，有五大军兵种：海军、空军、陆军、火箭军和战略支援部队。国防财政结构治理就是要解决国防财政资源如何在这五大军兵种及全军保障部队、各级机关之间的合理优化配置。军事人力资本与武器装备呈现动态调整是由武器装备技术进步、敌对方军兵种形成威慑力决定的。国防财政结构治理可以调整军事人力资本与武器装备适应性，根据武器装备的技术性能合理选配军事人力资本。敌对方威慑力会影响针对性武器装备部署，进而需要调整军事人力资本来适应武器装备的变化。军兵种的划分是为了更好地针对敌对方威慑力建设各军兵种的力量，不是单纯地割裂执行军事任务的权限划分，而是需要根据敌对方不同的威慑力来设置投射力单元，这种设置需要打破军兵种界限，根据敌对方军力部署，以优势制衡敌对方劣势，如以空对空、以空对海等形成全面制衡。

现代军事变革更加关注质量和效益。国防财政结构调整是军事变革的物质基础，反映的是军事变革发展的方向。削减常规作战力量以增加新型作战力量的投入成为军事变革的主要方向。例如，俄罗斯武装力量大幅减少地面作战力量，主要是缩减陆军和海军陆战队员。美国通过国防财政结构支出逐渐压缩陆军人数，扩大海军、空军人数和先进武器装备数量。

国防装备采购与技术创新应用是动态调整的过程。国防财政结构用于国防装备采购向关键技术方向性的支持，会逐渐促进武器装备技术性能的整体性跃升。武器装备技术进步是一个逐渐积累的过程，在关注关键技术的同时，要向基础性技术方向拓展，以增加技术进步积累的基础。国防财政高强度的武器装备技术创新投入，必然带来武器装备技术进步，期望形成对敌对方武器装备的技术优势。因而，形成全面的技术优势对于我国目前的技术发展还不具备，需要以相对技术优势来制衡敌对方的先进武器装备技术。同时，国防部门要积极调整国防财政结构，根据需要来发展武器装备技术，确保国防装备采购与技术创新应用能够有效衔接，要避免采购大量技术即将过时的武器装备，也要避免因向创新研发投入过多造成武器装备采购不足。

国防财政结构依据军兵种支出比例划分，决定了国家的国防能力和威慑力。军兵种的优化需要根据武器装备技术指标和协同作战的能力来设定。因而，国防财政结构就必须按照这种协同作战形成的投射能力来规划。

通过表2可以发现，进行有限战争需要陆军、海军和空军的密切配合，各军种形成作战单元后，可以依据不同的军事任务进行组合，最终形成有效的联合作战能力。

国防财政治理是推动国防财政从规模、结构到运行综合优化的动力，最终反映的是武器装备与军事人力资本的适应性，以及创新研发带来的技术进步。它是提升国防能力的有效手段，在军事人力资本和武器装备数量固定的情况下，国防能力最直接的体现是武器装备技术变化及相应的人员随动。国防财政治理就是遵循技术变化主导军事变革的规律，通过治理使国防财政结构朝着有利于技术创新的方向发展。技术进步既是推动生产力发展的主要动力，也可以使国防能力发生深刻变化。科学研究和创新研发会产生技术进步，颠覆性的技术创新应用到武器装备领域会大大增强国防能力；当所增强的国防能力对敌对方具有优势时，均势被打破，战争形态就会发生极大变化。技术进步一般表现在对能量输入输出的控制方面，最具革命性的技术进步首先应用在军事领域，而这种对能量控制的技术应用在民用部门则会提高生产力，并最终改变生产关系，深刻影响社会与经济的发展水平。

表2　　　　　　　　　慑止或进行有限战争兵力结构表

兵力结构	拟议的兵力结构 （尽可能列入部队番号）	相应的5年开支计划
地面部队 （陆军、海军陆战队）		
海上力量 （海军）		
战术空军 （空军、海军、陆航）		
军事同盟援助		
可动员的后备力量		
部队（海、陆、空）		
国防生产力（民防动员）		
探索性研究开发		
武器系统研究开发		
装备维修		
行政消耗		
其他		

资料来源：查尔斯·J. 希奇，罗兰·N. 麦基因. 核时代的国防经济学［M］. 北京：北京理工大学出版社，2007.

三、国防财政运行治理

国防财政运行治理就是将结构治理内容按照一定比例朝着技术目标前进。国防财政运行治理包括组织制度、物质资源和人力资本等，目标是能赢取发生极限规模战争的国防能力，如《六韬·虎韬·军用》篇中规划了1万人规模的部队所需的武器装备配置。现代国防能力需要以作战单元投射的速度和投射的能量作为依据，根据实现军事任务的运输速度划分出一般装备配置、特殊装备配置和补充装备配置,并且需要区分实现进攻和防御的各类装备的组合,最终规划出需要的国防财政运行制度与机制。

(一) 国防财政运行治理的三大要素

国防财政运行治理要素包括国防财政运行治理的组织制度、国防财政运行治理的物质资源、国防财政运行治理的创新型军事人力资本。国防财政运行治理需要统筹各种要素,在结构治理的设计上使其能形成治理的合力,共同推动国防能力的提升。这种分类是基于技术创新在现代战争中起到决定性作用划分的。因为组织形式不同,可划分为开放式运行治理和封闭式运行治理。开放式治理结构会引入市场内的企业组织,具体表现为国防财政结构治理在宏观上形成市场配置资源的治理与国防部门配置资源治理的共同合力,实现国防财政有效治理。国防财政运行治理可以影响技术进步,如军事人力资本、知识等。

1. 国防财政运行治理的组织制度。组织制度是国防财政运行治理三大要素之一,决定了国防财政治理的开放性程度。现代军事力量发展趋势要求建立开放性的治理结构,实现国防财政一种投入产生生产力和战斗力两种效益。因而,在国家层面上应制定国防财政组织制度,舍弃以部门划分的组织制度设定,建立统一的围绕组织制度形成的国防财政关系。国防财政设定以技术创新为主导的价值链,决定了国防财政关系的形式。如果价值链围绕的是从国防财政配置中,获取相关收益而不是促进技术进步的发生,那么国防财政就不能提升国防能力。国防财政设定的价值链应该围绕技术进步建立国防财政关系,将一切违背此价值链的任何财政关系进行彻底改革。国防财政运行治理的组织制度关键是设定国防财政控制,这是基于国防财政支出安全的需要,安全需要不是要设立过度控制的行政运行规则,而是通过国防财政控制,预防财政支出的随意性,增加交易的质量和效率,防止过程损耗,确保国防财政支出朝向价值链方向。严格的国防财政控制会造成国防财政支出灵活性的丧失和官僚决策体系,为解决国防财政运行灵活性不足,组织制度可以通过发布市场预期、设定竞争性预算制度、拓展市场预期,并通过设立国防财政支出信息发布等机制,建立高效透明的运行机制,消除官僚形式。

2. 国防财政运行治理的物质资源。国防财政是货币化的物质形式,国防财政支出最终结果是财政向物质的转化,物质资源是可用于生产武器装备的物质资源。物质资源按实现的作用不同可以分为生产设备、生产产品以及与物质有直接关系的信息。物质资源转化为国防能力应该追求武器装备的速度,如大飞机飞行

速度、导弹速度、协同指挥的反应速度等。信息具有度量特征，其价值也可归为物质。现代军事将信息化融入生产设备、武器装备，使得战争形式发生了革命性变化。国防财政转化为物质资源，就是实现生产设备和武器装备的信息化，通过生产设备的信息化、生产智能化生产设备和武器装备。因而，武器装备信息化程度可以从另外一个侧面检验国防能力。国防财政运行治理的重点之一是提升武器装备的信息化水平。

3. 国防财政运行治理的创新型军事人力资本。国防能力与武器装备技术优势内在的一致性决定了创新型人力资本在未来军事斗争中的决定性作用。创新型军事人力资本推动技术进步，科技创新和技术进步需要开放式治理结构，设定创新型军事人力资本不能参照部门工作划分，应当按照从事的专业技术领域划分，通过组织形式和市场预期来进行创新活动。国家应该设立统一的人才库，根据专业划分，有针对性地给创新人员推送国防需要实现的创新项目，通过预期调动创新人员参与国防建设的积极性。

（二）国防财政运行治理的内容

国防财政运行治理内容包括决策治理、控制治理、评价治理、风险治理、绩效治理等。

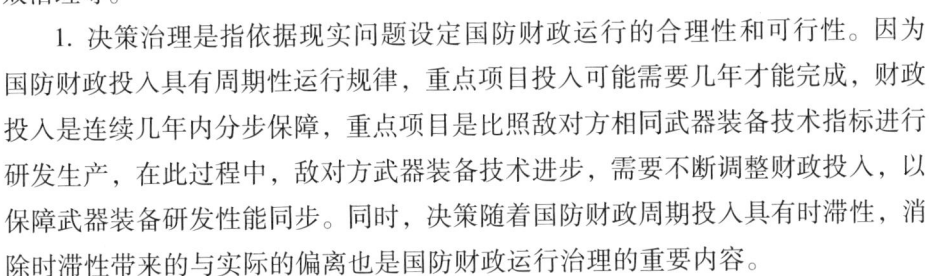

1. 决策治理是指依据现实问题设定国防财政运行的合理性和可行性。因为国防财政投入具有周期性运行规律，重点项目投入可能需要几年才能完成，财政投入是连续几年内分步保障，重点项目是比照敌对方相同武器装备技术指标进行研发生产，在此过程中，敌对方武器装备技术进步，需要不断调整财政投入，以保障武器装备研发性能同步。同时，决策随着国防财政周期投入具有时滞性，消除时滞性带来的与实际的偏离也是国防财政运行治理的重要内容。

2. 控制治理是指国防财政运行与投入目标相一致，以及财政的安全性。国防财政控制治理主要是防止国防财政支出不能按照法定目标进行，造成过程损耗。

3. 评价治理是指国防财政运行分阶段设定的目标与现实运行目标的偏离性，通过建立相应评价指标，对照现实指标来修正运行目标的偏离性。

4. 风险治理是指国防财政运行中国防能力未能按照预期实现，风险治理的源头是创新的不确定性造成的。因而，风险治理的首要目标是实现武器装备技术的成熟度。

5. 绩效治理是指国防财政运行在实现国防能力时，国防投入最小化。绩效治理属于过程治理，而不是结果治理。国防财政运行治理中的绩效治理是一种不

断优化的过程，直至形成稳定成熟的国防财政运行模式。

国防财政作为调配资源以满足国防能力建设需要的主要财政资源，其财政融资模式随着国防产品和服务供给模式的转变而转变。一是国防财政主体来源仍以政府划拨一定比例的财政收入为主，军民融合发展模式加速了社会资本进入国防领域，国防财政从完全由政府投入转变为引导性的结构性支出，引导社会资本向国防急需的领域进行投入。二是国防能力的构建需要强大的国防工业基础，而国防工业是资本持续深化的结果，即人均资本投入最为密集的产业。对于发展中国家来说，如果没有集中资源与财政的行政控制权，就很难形成高强度的国防工业资本深化的过程，而对于发达国家大型军火企业，像美国的通用、波音和欧洲的空客，其公司产值与中等发展中国家产值相当，国防产品与民用产品一套产业线，生产两种不同产品，其产品研发和生产投入既有政府财政性支持，也有企业盈利性投入，这种国防财政融资的发展模式直接跨越了政府—私人伙伴合作关系，进一步深化为国防工业市场企业化、市场企业军工化，形成了军事—贸易复合体与深度军民融合发展模式。西方国家国防能力建设有许多雇佣兵役制的影子，国防工业、私人军工企业与政府有着理不清的关系。政府的许多高级成员是私人企业的代理人，执行严格的现代预算制度实际上隐藏了各大军工集团利益博弈划分的结果，在看似透明化的国防预算中，其实隐藏了利益博弈带来的政治妥协。西方国家奉行个人利益最大化以及私有产权制度导致对国防能力的无限扩大，在追求国际贸易分工的过程中国防战略更具有侵略性。三是对于发展中国家来说，如果不通过行政手段集中资源，就难以形成具有国家竞争力的国防工业和国防能力，如果不从事开放性的政府—私人伙伴合作关系，就不能形成持续资本深化的累积，如果没有有效的行政治理，受到"公地悲剧"与代理问题的约束直接跨越为国防工业市场企业化、市场企业军工化——军事—贸易发展模式，将可能损害现有政治体制，造成政治体制与市场经济的分离，使社会生产关系出现历史性倒退。

我国国防能力建设是基于建立一支党领导下的现代化的人民军队。我国政治基础与社会制度与西方国家有本质的差异，财政实践既强调政府宏观调控经济的职能作用，也强调政府与市场的职能界限，体现出社会主义制度优越性。特别是国防财政具有很好的实践基础，可以成为行之有效的集中财力办大事的财政治理理论研究的基础。公有制为基础的政府排除了利益集团的干扰，使得国防能力建设更具理性，并且也不会具有侵略性。因而，国防财政治理遵循经济建设和社会

生产力发展的客观规律，建立起了现代国防财政制度，如国家安全态势评估支出规模的测算、国防装备研发生产与军民融合的关系、军队规模结构与军事人力资本福利待遇等。国防财政治理是提升国防能力的推动力，推动财政规模转化为国防能力，是提升国防能力的重要方法。如果国防财政不进行治理，就不能针对敌对方武器装备和军事人力资本变化有效提升武器装备技术性能，国防财政投入只能维持国防能力现状，相对国防能力就会下降，并受到敌对方威慑力影响。如果进行有效治理，国防能力就会得到提升，绝对安全防御的控制能力就会增强，国防财政绩效也能显著增强。

参考文献

［1］查尔斯·J. 希奇，罗兰·N. 麦基因. 核时代的国防经济学［M］. 北京：北京理工大学出版社，2007.

［2］Office of the Under Secretary of Defense Chief Financial Officer. *FY 2017 Defense Budget Overview*［EB/OL］. www. defense. gov，2016 February.

［3］利昂·帕内塔. 美国面向亚太的再平衡［J］. 世界军事参考，2012（6）.

［4］Stockholm International Peace Research Institute（SIPRI）. *SIPRI Yearbook：Armaments，Disarmament and International Security*［M］. Oxford：Oxford University Press，2013.

战略、安全与国防财政治理

余爱水　陈建华[*]

[摘　要] 国防财政治理是国家治理和财政治理的重要组成部分，加强国防财政治理，对有效维护国家安全有重要意义。国防财政治理事关国家安全的保证，事关国防建设与经济建设协同发展。本文通过探讨美国亚太"再平衡"战略、恐怖活动和大国崛起所面临的调整，分析影响国家安全威胁的主要因素，以此调整国家安全战略和国防财政规划的运行机制，总结国防财政治理与国民经济发展之间相互影响的一般规律，构建国防财政治理的科学化与规范化建设。以国防财政治理是实现国防能力动态调整为重点研究内容，探寻国防财政治理运行的基本规律。

[关键词] 战略　安全　国防财政治理

财政是国家治理的基础和重要支柱。国家财政治理是规范国家财政运行的内在要求，国防财政治理从属于国家财政治理。必须明确，在一定时间跨度内国家财力可承受的前提下，国防财政规模要以国防能力胜任国家安全需要为主。在国防财政规模持续扩大的趋势下，加强国防财政治理显得尤为重要。习近平同志指出，现在军费是不断增加了，但好钢要用在刀刃上，决不能大手大脚浪费；花钱要有个章法；哪些钱能花，哪些钱不能花，钱花在什么地方，钱是谁花的，都必须按章法办。[①] 国防财政治理最重要的目标就是测算国防财政规模以及由此带来

---

[*] 余爱水：北京军区空军原副政委，中央财经大学国防经济与管理研究院教授、博士生导师；陈建华：中央财经大学国防经济与管理研究院博士研究生。

[①] 习近平. 论强军兴军 [M]. 北京：解放军出版社，2017.

的国防能力和经济社会效益。怎样测算国防财政的规模，需要多大的财政规模来支持国防建设？国防财政治理运行的规律是什么？怎么构建国防财政治理的内容和运行机制？国防财政治理怎样影响国民经济发展、军队规模结构和质量效益、国防能力建设和武器装备研发和生产？对于这些问题及与国防财政治理相关的其他问题，相关研究不够，也没有形成系统的理论成果，并且指导实践的能力偏弱。因此，需要将国防财政治理作为紧迫重大课题来研究。

一、加强国防财政治理是国家治理和安全发展的战略性选择

目前及今后较长时期，我国面临的安全威胁是多重、复杂和高等级的。因而，必然要求国防能力适应这种严重安全形势。

（一）防范美日军事联盟对我国海洋岛屿主权的侵占和干涉并演变为大规模军事冲突成为最现实最紧迫需要

近年来，美国竭力推行亚太"再平衡"战略，突出强调军事力量的运用。到2020年，美国海军和空军将会部署60%的舰艇和作战飞机到西太平洋，这将包括6艘航空母舰，多艘巡洋舰、驱逐舰、濒海战斗舰和潜艇。美国亚太"再平衡"战略的争论相当大成分是如何应对中国的崛起，并提出了新的作战概念"空海一体战"。这些军事力量的存在，主要是为所谓的"航行自由"以及进入能力受到威胁时做出反应，目的是深度介入东海和南海争端。美国怂恿菲律宾发起所谓的"南海仲裁案"，炮制非法的仲裁结果，给地区安全带来极大的隐患。日本右翼势力掌控政局，通过解禁自卫权向军国主义迈进。围绕钓鱼岛主权利益，我国与日本必将进行长期的较量，日本还极力推动南海巡航，其与美国形成的军事联盟构成了对我国严重军事威胁。我国需要建设强大的国防能力以应对地缘政治带来的国家安全威胁，这种国防能力需要重塑国防财政治理的效能，快速建立技术领先的武器装备生产体系、灵活的军事组织体系和作战形态多样的国防能力体系，具备打赢一切可能发生战争的能力，包括有可能与最强大的敌人发生大规模的战争。然而，依据现有常规军事实力，我国还存在明显差距。为了弥补这种差距，就要在国防财政投入及其治理上进行大的改善和调整。否则，国防能力将无法与捍卫国家核心利益使命相匹配。

（二）国际恐怖主义对我国陆上安全构成严重威胁

恐怖主义对我国安全威胁主要是恐怖行为难以预测，恐怖活动发生地域难以

确定，恐怖实施的手段多样化，这就造成了打击恐怖势力的难度大。依据恐怖主义的这些特征，需要建立投射能力强、反应快速的国防能力。打击恐怖主义的军事行动可以看作是小规模的有限战争，因为恐怖活动具有不确定性，所以需要更加灵活的军事能力的快速反应。国防财政治理针对恐怖主义的国防能力建设应该突出情报收集、适合特种作战的武器装备、特种训练等，并依托和发动区域内可能遭受恐怖袭击的民众进行参与，扩大信息来源。

（三）国防财政治理推动国防能力建设是打破"修昔底德陷阱"，维护世界和平的重要保障力量

美国和西方大国在经济危机发生时，就会更多地宣扬"中国威胁论"，认为新兴大国崛起势必会挑战现存大国，从而鼓动美国和西方大国家对本已非常强大的国防能力进行超额投资，以期用武力方式解决贸易问题，并阻止新兴国家崛起。这种"修昔底德陷阱"论调在西方国家很有市场，通过引导舆论来营造通过武力消除对其利益威胁。

中国的快速发展，是社会主义制度释放的巨大生产力、创造力和全国人民付出极大辛勤劳动换来的。历史证明，没有强大的军事实力保障，经济实力再强也会被动挨打，甚至被劫掠一空。我国和平发展是既定的国家战略，但是我国巨大的生产比较优势必然带来贸易竞争，在技术发展到一定程度将会主导世界贸易规则、全球秩序，就会增加西方大国的误解。在国际均势发生变化的背景下，我国更需要有强大的国防以保障和平发展，为更为公平的世界贸易做出贡献，并为"一带一路"构建安全基础。国防财政治理会助推国防能力建设，促进我国和平发展的步伐，为世界和平做出贡献。

二、加强国防财政治理是发展生产力特别是促进技术进步的重要驱动力

国防财政规模会受到生产力发展和技术进步的影响。工业化生产之前，以农业为主的生产力水平低下，国防财政支出占国家财政收入的70%~80%，主要用于常规兵力的开支，一旦发生战争，国家财政就难以满足国防需要，就会加重赋税，激化社会矛盾，导致国家内外交困，社会生产力处于崩溃的危险。工业化生产以后，技术进步在经济增长的作用越来越重要，在技术进步的推动下，生产力获得了极大的增长，国防财政支出占国家财政的比例也趋于下降，但国防财政支出整体规模增大，对国家经济发展产生了正向影响。长期以来，不同学者对国

防财政支出规模对国家经济增长的研究所得出的结论存在很大区别，有的判断和结论甚至完全相反，有的学者认为国防财政支出规模的增长对国防经济增长产生了负面影响，而有些学者则认为会对国家经济增长产生正面影响。这一现象值得关注，对于不科学不正确的学术理论观点应及时引导和纠正。否则，如果任由其传播和泛滥，必然误导社会大众的判断力和政府高层的决策能力。

国防作为一个主权国家的"必需品"，不是在于国防财政规模的大小所能产生的国防能力，而在于需要什么样的国防能力来确保国家的安全。国家所面临的地缘政治越复杂，就越需要大的国防财政规模来确保国防能力的建设。国防财政规模需要多大，是根据在一段时期内所能形成的国防能力及其确保国家核心利益、根本利益和整体利益最大化来决定的。国民经济规模与国防财政治理相互影响，因而不能简单地抱有对经济发展的促进或阻碍的思想来评判国防财政规模。

（一）国防财政治理政策选择的灵活性受到国防财政规模的影响

国防财政支出规模是历代军事战略思想家关注的重点，也是国防财政治理的重要内容。富国强兵是最重要的国防财政治理的思想。古代国家间的土地兼并导致战争频发，产生了大量的有关国防财政治理的思想。老子认为，祸莫大于轻敌，轻敌几丧吾宝。孔子提出足食足兵的国防建设思想。商鞅的主张是富国必然是国治而兵强。孙子认为，兵不强不可以摧敌，国不富不可以养兵。管子认为，为兵之数：存乎聚财，而财无敌；存乎论工，而工无敌。存乎制器，而器无敌。曹操在《孙子注》中强调，军无辎重、粮食、委积，亡之道也，欲战算其费。诸葛亮认为，财政经济状况决定着军事力量的大小强弱，决定着战争的胜负。[①]

现代工业的发展导致战争形态的深刻演变，产生了很多新的有关国防财政规模的思想理论。蒋百里指出"强兵必先理财"，主张把有限的财力投入到最能发挥军事作用的地方。万东铖（1998）认为国防财政最适度增长呈现出一种"带状通道"，这一"带状通道"的两边形成了国防财政最适度增长的上、下限。上限取决于国民经济对国防财政增长的最大可能平均承受能力和最高水平的国防消费需求；下限由国防财政增长的短期因素——"短边规则"所决定。黄瑞兴（2009）认为国家的整体发展战略是影响国防财政规模的重要影响因素，国防财政的供给能力最终取决于国家经济发展状况及其发展预期。基辛格认为，财政和

---

① 龚泽琪，王孝贵. 中国军事财政思想研究（古代·近代篇）[M]. 北京：海潮出版社，2003.

技术两方面的影响过于巨大，往往造成军事理念的牺牲。① 汉森·鲍德温曾抱怨说："在西方，费用考虑对于防务设计的影响，比军事逻辑更具有决定性作用。"②

历史上，由于生产力发展水平低下，出于对国家安全的需要，国防财政高度依赖于农业赋税，国防财政与国家财政高度集中统一，国家重视农业生产力发展，限制商业的发展，导致技术进步带来的生产率增长几乎可以忽略不计，最终导致负担国防财政的赋税职能局限于农业赋税，赋税超过一定比例，就会产生影响经济增长甚至生产力倒退的情况发生。初创与兴盛时期的封建王朝极端重视国防财政治理，特别是国防财政支出管理严格，惩罚腐败的力度上升到了事关战斗力的前所未有的高度。然而，封建王朝国防财政治理人治大于法治，国防领域又是权力高度集中统一体。当和平时期战争发生的可能性小了时，由于封建集权统治者会对军队控制产生怀疑，弱化军事组织层面的功能，同时上层阶级对国防财政治理的关注度下降，甚至纵容贪腐发生，直接导致军心涣散，损害了正常的国防建设，募兵冗余士兵超过初创期的几倍甚至十几倍，一旦遇到强悍外敌入侵，就不战而溃。

工业化生产以后，国民生产总值的增加使得国防活动有更大的灵活性进行选择，这些灵活性的选择具体表现在装备投入，如研发、生产、数量、质量监控等，同时也对制订国防计划的发展有着多重优化选择的影响。国防财政治理的灵活性与国防财政规模有很大关系，较少的国民生产总值投入到国防财政中，会限制治理政策的组合选择。政策的制定会依据资源的绝对数量来表现出不同层次的内涵，单一的或缺少灵活性的政策总是与较少的可利用的资源相联系，反之，政策的深入细化并与不同部门政策的协同总是与可利用资源的较大数额相联系，较大的国防财政规模使得决定应用于国防建设的物资资源能有相当大的选择余地。

（二）国防财政治理会影响经济增长和经济结构的调整

在历史发展的过程中，军事与经济始终有着密切联系。军事离不开经济的支撑，又客观地影响着经济的发展。军事对经济既有积极促进的一面，也有消极作

---

① 查尔斯·J. 希奇，罗兰·N. 麦基因. 核时代的国防经济学［M］. 北京：北京理工大学出版社，2007.

② 杰里·L. 麦卡菲，L. R. 琼斯. 国防预算与财政管理［M］. 北京：经济科学出版社，2015.

用的一面。军事活动的特殊性决定军事支出在特定的条件下是一种"浪费性支出"。因为国防财政规模的过度扩大，可能导致经济崩溃，消耗大量资源，严重破坏环境，摧毁基础设施，造成失业和通货膨胀等问题的发生。军事对经济的积极作用也是巨大的，表现在国防领域的高技术中，高技术向民用部门溢出产生的效应、高技术人力资本的培训与转移、国防财政投资方向对民用资本的影响等。在资本和劳动力增长固定时，经济的增长更多的是依赖于技术进步，技术进步取代资本和劳动力越来越成为经济增长的主要动力。力求成为防务能力强大的国家，在国防领域持续向高科技投入研发力量，在经济产业结构调整和国家创新能力上都排在了世界前列。理查德森认为大型军事工程的出现能够解释为什么美国、英国、法国在工业研发上的投入远远高于德国和日本；军方采购通常在研发密集型工业，日本的工业结构在很大程度上是在国家安全受到高度关注时期形成的。这种产业结构现在以民品为主，是造成日本研发密集度高的原因之一，而德国也是如此。以色列、韩国许多经济政策、工业结构以及创新体系的一部分是以高技术工业面向军事用途产生的，巴西、阿根廷等国也有跻身军事精英的宏图壮志。军方采购大型项目中，国防工业是国家的最大宠儿，而产业的发展受到了军事事务的强烈影响。

（三）在市场配置资源的机制下，国防财政治理促进军民融合深度发展

财政的职能决定了财政作为国家宏观经济调控的一个重要手段，财政具有调控经济运行、优化资源配置、调节收入分配、实施监督管理的基本职能。国家财政变革带来的治理变革适应于国防财政治理。国防财政治理在军民融合中最重要的作用是引导国防工业研发由政府主导型逐渐过渡到市场主导型的创新研发。因为财政具有宏观调节经济结构的功能，通过国防财政支出的结构变化，如通过立法的形式保障国防采购在中小创新企业的比例，武器装备市场围绕武器装备研发实施国防部门与民用部门的协同创新，来实现国防效能最大化和市场效益最大化的有机结合。

军事装备的演进史就是国防部门和民用部门创新研发科学技术不断融入国防装备的技术进步史。以信息技术为代表的新技术革命导致了军事装备的科学技术日趋复杂，全时信息背景融入将是未来战争的方向。军事装备技术进步的发展经历了人机分离到人机融合再到无人机系统，这是新技术，特别是信息技术应用在军事领域的必然结果。国防工业如果没有巨大市场的需求牵引，国防工业供给饱和就会脱离国家产业的内在发展要求，国防工业就是"无源之水，无本之木"，在没有借助外部激励的环境下进行国防工业发展，最终会陷入技术创新停滞，与

世界工业化发展脱节的历史重演,也就会落后于世界军事发展的新方向,最终在战争中造成不可估量的灾难性结果。

军民融合不能随机产生,需要通过国防财政支出结构的影响带动不同产业、企业组织动态互动并相互影响,需要工业化发展到一定程度,即后工业化时代、信息化应用得到普遍发展,以信息技术研发为主的新型创新企业大量存在,旧有的市场制度演进到某一特定时刻,不同产业改变产业领域内要素配置导向并进行的选择模式。融合发生在交易信息充分的条件下,需要国防财政政策引导产业间交易方向,促使交易双方活动在不同组织部门开展,并通过交易活动逐渐消除部门分割。同时,交易活动以新的方式进行并引致融合最终得以实现,但前提是市场在资源配置中发挥应有作用,并通过国防财政治理激发创业投资者以新的产权方式对创新企业进行治理,企业家创新精神得到充分释放,引发产业组织内的创新发展。在融合的过程中,充足的人力资本类型、资本结构决定了融合的成本。美国政府几十年来一直支持和帮助本国中小企业的发展创新,中小企业的发展带动了军民融合的实质性进步,并影响了经济结构和产业结构,形成了良性循环发展的动力机制。政府通过制定特别法案,规定政府采购中小企业的商品和服务不低于政府支出的23%。表1反映了2002年和2007年美国在中小企业的国防采购支出情况。

美国国防部国防采购合同逐步提升在中小企业的采购份额。通过2002年度与2007年度在中小企业的国防采购支出对比可以看出:一是国防采购在中小企业的支出金额有所增加;二是军事技术向民用部门转移的预期回报。军民协同创新的实现会在一定时期内形成国防部门与民用部门相对于其他国家的技术优势,这种优势具有"技术中心辐射"和"政治联盟中心辐射"两种辐射机制。

国防财政治理调节国防研发转向军民协同创新,形成国防装备系统创新研发所缔造的"技术中心辐射"的圈层制,重塑产业链分布与国际贸易分工演化。民用部门对技术进步的追求源于应对外部环境的竞争压力,形成一定区域内的垄断势力,这种技术上的垄断形成后,需要其他国家积累大量的知识、技术才能实现赶超。一国实施赶超战略的过程既漫长又存在很大的不确定性,所以通过军民协同创新的实施,国防部门可以降低创新研发的成本,提升创新研发质量;民用部门期望从参与国防部门的创新研发中获得先进技术,实现技术进步带来的高额预期回报。

表1　　2002年和2007年美国在中小企业的国防采购支出　　单位：十亿美元

产业	总支出 2002年	总支出 2007年	中小企业支出 2002年	中小企业支出 2007年
航空制造	13.41	29.33	0.25	0.67
工程服务	17.85	28.13	2.85	3.84
研发投入	16.68	25.55	3.80	5.29
部队装甲工具制造	2.40	11.67	0.08	0.49
舰船维修	10.01	10.21	0.81	0.79
商业和制度建设结构	5.14	9.22	2.51	3.48
航空辅助装备制造	7.86	8.94	1.30	1.80
燃料加工	2.64	6.94	0.45	0.95
通信导航	6.08	6.82	0.29	0.55
所有其他专业、科学和技术服务	2.36	5.52	0.64	0.40
总计	84.43	142.33	12.98	18.26

资料来源：Nancy Y. Moore, et al. *Enhancing Small – Business Opportunities in the DoD* [EB/OL]. http://www.rand.org. 2008.

三、加强国防财政治理是国防财政运行规律和本质要求

现代战争中，形成一次有效的军事任务需要不同的军事力量配合，而在碎片化的国防财政计划与预算中很难体现综合的国防能力。编制国防财政计划或是预算的参与人员会受到专业知识背景和所在部门利益的影响，追求局部利益最大化导致单一功能的扩大化，缺乏整体的协同性，或多或少地存在"只见树木不见森林"的局限性。如果对计划或项目的功能指标只局限于局部考察，其功能在整体的军事任务中就可能大打折扣。美国前国防部长麦克纳马拉认为，"我考虑预算只不过是一个计划或一项政策的数量表达方式而已，在产生预算的过程中，建议先定出哪份计划或哪项政策，再把它化为数量的语言，也就是收益与成本的

语言。"① 如何确立国防能力与国防财政投入相匹配的运行机制，确保所支出的每一单位的货币都能转化成相应的战斗力，评判的标准应该是以战斗力生成的指数与相应的国防财政支出规模的比例来做出判断，这里假定这一模式称作效费比，即资本投入所能产生的最大效率，在国防领域中就是资本投入所能产生的最大战斗力。

因而，国防财政如何及时转化为军事力量，怎样设定转化的过程或转化的路径是什么，现役兵力能否完成预定战略军事任务等，已经成为当前最重要的问题。确立以国防能力为主的国防财政规模是解决国防财政治理结构和运行机制中产生问题的根本途径。

（一）国防财政有效治理是形成国防能力的关键要素

国防能力的建设是国家安全保障的基础，是缔造战略的出发点与支撑框架，集中反映军事行动的能力和在战争中获胜的能力，具体表现为迎战与止战的能力。《六韬·虎韬·军用》中，武王问太公，君王兴兵作战，军队的武器装备和攻守器械，种类的区分和数量的多少有一定的标准吗？太公回答，您问的是一个大问题，攻守器械的种类和数量各有不同，这关系到军队威力强弱的大问题。在我国商朝时期，万人规模的军队进攻和防御所使用的武器装备主要是依据执行的军事任务设定的，武器装备种类有 30 余种，其中战车的种类就有 10 种之多，共计 1016 辆，平均每 10 人就配备 1 辆战车。同时，太公设想了大部队行军进攻和驻扎防御使用的各类武器装备。② 通过《六韬·虎韬·军用》篇可以借鉴的有以下几个方面：一是进攻和防御在军事任务中融为一体，强调立体防御的同时，要更注重进攻的能力。二是武器装备是部队规模和结构设置的最重要的参照依据，武器装备是保障战争胜利的物质基础，突出武器装备功能与速度是历代战争制胜的法宝。三是武器装备的财政支出无论是古代还是现代所占比重最大，国防财政治理的重点应该以实现武器装备技术性能的先进性为导向，确保武器装备在研发、生产和使用上实现全寿命管理，重点强调武器装备的攻击和防护性能的同时，要对其可靠性和工作时长制定出详细的标准。

（二）构建动态变化的国防财政治理指标体系

有限战争中的军事任务可以通过战略预判执行的任务阶段和实现的目标等进

---

① 杰里·L. 麦卡菲，L. R. 琼斯. 国防预算与财政管理［M］. 北京：经济科学出版社，2015.
② 陈曦. 六韬［M］. 北京：中华书局，2016.

行分类，以此改变国防财政预算规模。有限战争需要计算各种计划所能应对的遭受军事打击的规模和性质，做出快速反应的决策。由于预算管理层可能因为缺少专业的执行军事任务的背景知识，偏好按照项目来编制预算，如果对项目的功能指标只局限于局部考察，其功能在整体的军事任务中就可能大打折扣。

国防计划是针对国防能力提出的，是一次或多次威慑力量或有限战争军事活动的预想汇集。国防项目则是保障国防计划提供的中间必需品。无论是国防计划或项目，在采购的武器装备中是相互依存的。但同时，装备采购是在不同的时间与不同的管理人员之间做出的选择，进行合理的参照选择就成为军事任务完成能力最重要的因素之一了。以国防项目或计划的国防财政预算存在难以用市场价格指导武器装备的研发与生产的问题，武器装备大多数是不进入市场的，其大量的中间产品难以在国防计划或项目中体现。

因为各级组织或个人对危险感知具有不确定性态度，在认识国防财政治理重要性上会有较大差异，可能形成国防财政支出的效果与副作用两者存在较大的差异，并进而影响国防财政治理的运行机制。国防财政治理的确立与实现国防能力的各项任务紧密相连，与高度的战略层面相关，任何做出国防财政增减的决策都会影响实现军事任务的国防能力。如果将各种组合的军事任务的国防能力进行权衡，很可能对国防能力做出更好的客观评价，也就很可能提供更好的功能指标。因而，国防财政治理应该紧紧围绕可能的战争所要实现的军事任务来运行。

战争中的军事任务可以根据战争的规模和持续时间的长短作为判断依据，并将军事任务划分为高、中、低三种不同激烈程度战争的任务，无论进行哪种军事任务，前提是可以最低限度确保战争的胜利。因为所发生的战争是动态变化的过程，因而在一场战争中，所要完成的军事任务也是动态变化的，所以构建国防财政治理的指标也应该呈现相对变化的状态。影响战争走向的两个最重要因素是物质转化成能量的问题和运输物质或能量的速度的问题，这两者都与科学技术的发展息息相关。这两个因素作用于国防财政治理的指标，其指标变化的主要问题是：兵力结构的变化、敌对方的反应、军事任务中特定能力的变化。兵力结构的变化不能完全建立参照费用来系统考虑，而是应该依据武器装备配置来确定兵力结构的改变。现代信息化战争将越来越突出人与装备的高度结合，机械化与信息化的融合减少了人的工作量，强调各类人员需要有综合的信息化和工程类知识，突出了智力型作战单元的重要性；建立足以威慑或制止战争并应付有限侵略的力量是根据敌对方的可能造成的破坏所携带的能力来做预判，国防能力的建设就是

建立能消灭敌对方潜在力量的国防能力；由于敌对方潜在力量可能发生变化，通过设定若干事态，组合不同的武器装备和兵力结构，选择出最具有威慑和制止战争的能力。每一个军事任务都应严格建立在特定预算内，权衡预算的追加或削减会影响军事任务能力的变化。

（三）构建以国防能力为基础的国防财政治理运行机制

国防财政支出怎么配置才能最有效率，需要从影响战争的军事任务来探讨。费用的产生只是现实的需要，但现实的需要并不能替代最终发生的原因。国防财政治理的主要矛盾是有限的资源和分布广泛的防务安全需要。考察国防预算的费用和效果要防止走向两个极端：一方面是从具体支出的费用，如人员工资、消耗的油料或行政管理费用等来考虑国防预算的收益，从而主观地或借助于数量分析来估计国防预算的适当性；另一方面是把国家安全作为一个整体考虑，使得来自不同安全汇集的问题集合太宽泛，不能据此找到运行"国家安全"的单元内容。在这两种极端之间，可以按照预想的战争所能带来的最终结果，对费用和价值做出判断或做出定量的处理。

国防能力最终表现在战斗力方面。总结战争发展的特点可以发现，不同时期的战争广度和深度深受当期社会生产力和运输能力的影响。同时，影响一次战争的结果最终决定力是战斗力，战斗力是全部军事准备的物资和参战人员的精神综合体现，但一般战争的形式虽然经历时间较短，但总体战斗的发展不是顷刻判定的，因而维持战斗力的持续及加强不单是由战斗力决定的。此时的战斗力需要现时和后继的物质和精神的补充，这一阶段（包括最初战斗发生的阶段）所能实现的战斗力，可以用一个词"投射力"来定义。投射力是指对将要发生的战斗和已经发生的战斗所能投入的部分或全部的武装力量的能力，包括物质的和人员精神（根据战斗或战争规模的大小决定）的总称，因而参与一次战争的费用就可以用投射力的变化而定。投射力是一种意愿和行动综合的结果，只有在正确的预知和通往正确的目标上行进，投射力就具有了一种不受外界影响的速度。国防财政治理的目标是确定发生极限规模战争的国防能力，如《六韬·虎韬·军用》篇中规划了1万人规模的部队所需的武器装备配置。现代国防能力需要从作战单元投射的速度和投射的能量作为依据，根据实现军事任务的运输速度划分出一般装备配置、特殊装备配置和补充装备的配置，并且需要区分实现进攻和防御的各类装备的组合，最终规划出需要的国防财政支出。战争的胜负就体现在对武装力量的投送速度上，投送速度越快，赢得战争的主动权就越大，但所需要的战争费用和技术也就越高。假定投射力 S 由物质 P 和精神 L 的集合乘以运输能力（代之以速度）V 来决定，V 的大小决定了投射力的大小，V 越大，表明综合技术发展越发达，同时体现在费用中，V 越大表明所需的费用呈几何倍数增长。表示成函数为：$S = M(P,L)^\alpha V^\beta$，其中，$\alpha$ 和 β 的大小代表了对比敌人物质的和精神的大小与投射速度的快慢。战争费用的函数为：$F = f(P,V)$，而一次战争的费用 F 也可以看成是投射力和生成一个单位投射力所需费用乘积的总和，公式表示为：$F = \sum_{i=1}^{n} S_i \times F_i$。总结出一次战争可能需要的费用为进一步分析国防财政治理提供了分析依据。

综上所述，国防财政治理应以建立强大国防能力为目标和轴心，以实施常态化军事行动任务为基础，以完善国防预算制度为主要内容，确保国防财政依法依规科学化运行，确保国防建设和经济建设效益最大化，确保应对包括极限规模下的所有战争取得胜利，为推动"一带一路"倡议、实现中华民族伟大复兴的中国梦提供安全保障，也为世界和平作出新的贡献。因此，国防财政治理应把握这样几条原则：一是国防财政规模要足够大，必要时还应超常规投入，确保国防资源配置充裕，促进国防能力特别是武器装备加快发展，逐步达到与可能的最强对手水平相当。二是建立现代的国防财政预算制度。国防财政预算的现代化特征必须符合现代预算制度，如建立跨年度预算平衡机制，对超预算的项目进行评估。预算授权具有法定属性，一经授权，就不会轻易更改。三是建立推动国防财政治理调整的动态组织结构，通过效费比判断国防财政支出是否达到预期目标。国防财政治理应注重国防能力优先级的分析，预测安全威胁带来的国防财政支出发生的变化，建立完善的组织协同机制，不断改进国防财政治理的标准化，设立周期性治理的重点项目审查与评估，依据安全环境的变化修正国防财政治理的运行机制。

参考文献

[1] 胡明. 预算治理现代化视角下的《预算法实施条例》修订［J］. 法学，2015（10）.

[2] 黄瑞兴. 国防财政论史纲［M］. 北京：军事科学出版社，2009.

[3] 杰里·L. 麦卡菲，L. R. 琼斯. 国防预算与财政管理［M］. 北京：经济科学出版社，2015.

[4] 王威. 财政分权与治理研究述评［J］. 经济学动态，2006（8）.

[5] 雅克·甘斯勒，孟斌斌. 国防预算缩减时代如何满足国家安全需求：推动创新、军民融合与促进竞争 [J]. 装备学院学报，2014（1）.

[6] 叶青. 国家财政治理体系的现代化之路 [J]. 人民论坛·学术前沿，2014（4）.

[7] 陈广君. 深化财税体制改革优化财政治理模式 [J]. 中国财政，2014（11）.

[8] 许尔君. 习近平国家治理现代化重要思想综论 [J]. 观察与思考，2015（10）.

[9] Agnese Sacchia B.，Simone Salotti C. The impact of national fiscal rules on the stabilisation function of fiscal policy [J]. *European Journal of Political Economy*，2015.

[10] Stefan Hohberger，Lukas Vogel，Bernhard Herz. Budgetary – Neutral Fiscal Policy Rulesand External Adjustment [J]. *Open Econ Rev*，2014（25），pp. 909–936.

[11] 肖石忠. 美国2016财年国防预算的重点、难点与变数 [J]. 国防，2015（3）.

[12] 陈庆海. 政府预算与管理 [M]. 厦门：厦门大学出版社，2014.

[13] 郭代模，胡定荣，杨舜娥. 当代中国理财思想 [M]. 北京：中国财政经济出版社，2014.

[14] 范子英. 非均衡增长——分权、转移支付与区域发展 [M]. 上海：格致出版社，2014.

[15] 邱蜀林，廖永东. 世界典型国家国防费管理研究 [M]. 北京：军事科学出版社，2014.

[16] 龚泽琪，王孝贵. 中国军事财政思想研究（古代·近代篇）[M]. 北京：海潮出版社，2003.

[17] 人民论坛. 大国治理：国家治理体系和治理能力现代化 [M]. 北京：中国经济出版社，2014.

[18] 刘少华，刘宏斌，余凯等. 国家治理体系现代化与政治治理 [M]. 长沙：湖南人民出版社，2014.

[19] 查尔斯·J. 希奇，罗兰·N. 麦基因. 核时代的国防经济学 [M]. 北京：北京理工大学出版社，2007.

[20] 利昂·帕内塔. 美国面向亚太的再平衡 [J]. 世界军事参考，2012（6）.

[21] Nancy Y. Moore et al. *Enhancing Small – Business Opportunities in the DoD* [EB/OL]. http：//www. rand. org. 2008.

国防财政治理结构

张军果　李　琪[*]

[摘　要] 国防财政治理结构是国防财政运行事权和责任相互作用形成的组织形式，其治理结构包含国防财政行政主体、监督和激励机制、组织制度等。本文阐述了国防财政治理结构概念，通过对比国外发达国家国防财政治理结构、组织结构、行政主体以及监督和激励机制等，提出优化我国国防财政治理结构构想，为进一步研究国防财政治理和国家财政治理提供有益参考。

[关键词] 国防财政　治理结构　监督　激励机制

2013年11月12日，党的十八届三中全会通过的《中共中央关于全面深化改革若干重大问题的决定》（以下简称《决定》）指出，全面深化改革的总目标是完善和发展中国特色社会主义制度，推进国家治理体系和治理能力现代化。同时，关于财税体制改革，《决定》指出，财政是国家治理的基础和重要支柱，科学的财税体制是优化资源配置、维护市场统一、促进社会公平、实现国家长治久安的制度保障。国防财政治理结构的调整改革，是我国财税体制改革的重要内容，对国家治理体系和治理能力现代化意义重大、影响深远，必须紧密结合我国经济建设和国防建设实际，深入研究，精心谋划，确保国防资源科学高效配置。

---

[*] 张军果：国防大学军民融合发展研究中心主任、教授；李琪：国防大学军民融合发展研究中心硕士研究生。

一、国防财政治理结构概述

深入研究和把握国防财政治理结构科学内涵、鲜明特点和独特作用,是健全完善国防财政治理结构的前提条件。

(一)国防财政治理结构的概念

国防财政治理结构是国家财政治理结构在国防财政领域的延伸,而国家财政治理结构又发源于公司治理结构。因此,分析国防财政治理结构,可以以公司治理结构的剖析为起点。

1. 国家财政治理结构的内涵。治理结构的概念发端于现代企业制度。现代股份制企业中所有权与经营权分离,所有者与经营者之间、经营者不同科层之间、企业内部不同集团之间的关系比单人业主制企业或合伙制企业要复杂得多。企业在发展过程中,基于新制度经济学委托代理理论、不完备契约理论等,逐渐形成了一套涉及管理、约束、激励、监督等多方面内容的现代企业理论,人们称之为公司治理结构理论。尽管这一概念被广泛应用,但由于不同研究者关注和分析的着重点不一致,理论界尚未对这一概念有一个统一的定义。综合来看,学术界目前对公司治理结构的典型定义包括以下两种:一是决策机制说。奥利佛哈特提出,"如果出现代理问题并且合约不完全,则治理结构就至关重要。治理结构被看作一个决策机制,而这种决策在初始合约中没有明确的设定。"[1] 二是相互作用说。柯特伦和沃拓科认为,"公司治理包括在高级管理阶层、股东、董事会和公司其他的有关利益人的相互作用产生的具体问题。构成公司治理的核心是:谁从公司决策行动中受益?谁应该从公司决策中受益?'是什么'和'应该是什么'之间不一致时,公司治理问题会出现。"[2]

根据这两类定义,公司治理结构的概念和成功经验可以相关地移植并应用于国家财政领域。从本质看,国家财政就是为实现国家功能,凭借国家政治权利进行的一种复杂的收支活动,其实质是从事收入分配和资源配置。公司治理结构理论与国家财政问题具有显著相关性,可以作为研究国家财政问题的有力工具。更进一步,根据学界目前对公司治理结构的解释,可对国家财政治理结构的内涵做

---

[1] 巴泽尔,Y.,著,费方域,段毅才,译. 产权的经济学分析 [M]. 上海:上海三联书店、上海人民出版社,1997.

[2] 郑红亮. 公司治理理论与中国国有企业改革 [J]. 经济研究,1998 (10).

出以下定义：国家财政治理结构是基于国家财政相关部门复杂的多层次委托代理关系和不完全契约关系，建立起的旨在实现国家功能，提供相关公共产品，保证财政资金的安全和效率，防止财政运行的道德风险和逆向选择问题，而达成的各国家财政参与主体责任、权力、利益配置与制衡的整体制度安排，是国家财政体系的组织结构和权力运行、激励、监督审查机制的有机统一。

2. 国防财政治理结构的内涵。

第一，关于国防财政的概念。国防部门是国家政权的重要组成部分。国家为了实现国防的职能，根据财政经济状况、国际政治军事形势和国防的需要，在国家年度财政预算支出中分配给国防部门一定数额的经费。国防部门在得到国家分配的国防经费后，先在国防系统内部根据各方面的需要进行再分配，而后再通过交换的形式获得所需物资。从经济学的角度出发，国防财政就是国家为实现生产力保卫的需要，通过对社会财富的分配与再分配，将相当一部分社会资源用于国防领域，生成战斗力所进行的国防经济活动以及因资源配置活动而形成的一种经济关系。国防财政的目的是为了实现国家的国防功能，包括维护政权稳定、保卫生产力、实现国家利益等。国防财政的本质就是国防部门为实现其职能，对国家以货币形式分配给国防系统的那部分社会产品的分配、使用与管理活动，及其所体现的经济关系，是国防经济关系在分配领域的体现，是国家财政在国防军事活动中的继续和延伸，是国家财政的重要组成部分。[①]

第二，关于国防财政治理结构的界定。国防财政治理结构是国家财政治理结构概念在国防财政领域的特殊表现形式。基于国防财政的概念以及治理结构理论在国家财政领域的内涵，我们将国防财政治理结构理解为：为实现国家国防功能，获取有效国防公共产品，提升有限的国防财政资金的安全性和利用效率，防止国防财政运行的道德风险和逆向选择问题，实现国防财政各参与方责任、权力、利益的合理配置与制衡，基于国防财政相关主体之间及内部的复杂的多层次委托代理关系和不完全契约关系，建立起的一整套制度安排，是国防财政体系组织结构和权力运行、激励、监督审查机制的有机统一。

第三，关于国防财政外部治理结构和内部治理结构。不少学者将"治理结构"划分为"内部治理结构和外部治理结构"，国防财政治理结构作为治理结构概念的拓展，也可以进行相应的划分。

---

① 宋文. 国防经济学概论［M］. 北京：国防大学出版社，2005.

国防财政的外部治理结构，指在国防财务部门框架外发挥作用的治理结构部分。它分为两个层次：第一层是国家权力机关对国防财政的管理和制约；第二层是来自社会的制约，如公民、社会团体、新闻媒体等对国防财政形成的监督制衡作用。国防财政的内部治理结构，指建立在国防财政部门内部的治理结构部分。它依靠国防财政部门内部的行政责任、管理制度、规章流程等得以落实。其治理工具一部分就是国防财政制度本身，也有一部分属于会计、审计等核算体系的运用等。内部治理主要依靠行政和专业责任落实，外部治理主要诉诸政治和法律的约束。① 国防预算制度是当今世界各国国防财政的核心制度，不论外部还是内部治理结构，治理的焦点主要指向国防预算制度。

（二）国防财政治理结构的特点

1. 国防财政治理结构的阶级属性。国家财政的"阶级国家观"不同于公共财政的"契约国家观"，国家财政的目的是实现基于阶级观念的国家功能，公共财政的目的是提供基于社会公共契约的公共产品。马克思主义认为，国家是阶级斗争的产物和阶级统治的机关，国家财政一方面具有社会属性，即提供社会需要的公共产品；另一方面具有阶级属性，即维护阶级统治②。国防财政之所以不同于其他类型的国家财政，就在于国防财政的功能既包含一般的国防公共产品功能，又包含鲜明地维护阶级统治的功能。国防财政治理结构是实现国防财政功能的一整套制度设计，必须明确而具体地体现国防财政维护阶级统治的功能。

2. 国防财政治理结构的系统复杂性。相较于一般的公司治理结构或者如社会保障支出的治理结构，国防财政治理结构有显著的系统复杂性。从国防财政的支出看，主要方向包括国防费（军兵种人员费用和武器装备开支等）、国防科研事业费、专项国防工程支出、民兵建设费等，细分方向仅国防费就包括生活费、公务管理费、事业经费、建设性经费等。从国防财政涉及部门看，它包含军地两大部门国家权力机关、国家行政机关、军队机关与部队、国防科研生产企业、高校与科研机构等诸多相关单位，各单位内部又涉及更加具体和复杂的组织结构。可见，国防财政治理结构包含不同性质的广泛支出门类，涉及行业特性差异巨大的众多机关企事业单位，是一个实际功能和组织构架极为庞杂的超大型系统。这

---

① 费方域. 国家财政：治理机制与治理机构 [J]. 经济研究, 1998 (10).
② 宋文. 国防经济学概论 [M]. 北京: 国防大学出版社, 2005.

个系统存在着复杂的多层次委托代理关系以及诸多运行、监督、激励问题，必须以科学的系统思维为指导，才能实现这一复杂系统的目标功能。

3. 国防财政治理结构的信息局限性。根据现代西方经济学机制设计理论，评价某种机制优劣的基本标准有两个：该机制是否激励相容；该机制是否能够有效利用信息。激励相容要求个人理性和集体理性一致，一般通过机制设计者巧妙的制度安排来实现。有效利用信息要求机制运行尽可能降低信息成本，但是信息成本的高低和有效性常常是由机制作用客体的性质决定的。国防财政是国防事业的财政，这一领域由于安全和保密的需要天然地存在着一定的信息局限，比如国防开支信息不能披露使得公众的监督权力难以实现；另外，国防财政的产出是战斗力或者和平环境，不同于社会经济领域的经济效益问题，这一类产出的效益是极难评判的，这种信息的低可操作性影响了国防财政治理结构评价、激励等机制的有效性。

（三）国防财政治理结构的作用

1. 权力配置和约束作用。国防财政治理结构的权力配置包括特定权利的配置和剩余控制权的配置。特定权利的配置由一系列法律法规在国家权力机构、国家财政机构和国防部门财务部门之间进行明确的划分。剩余控制权的划分应基于财政资产的所有权进行划分。基于权力配置形成的权力约束是国防财政治理结构的关键功能，它主要体现在权力结构纵向的约束力。国家权力层对国家决策层的约束是国家权力约束的底层问题，对包括国防财政在内的国家财政起到根本约束。但国防财政治理结构的权力约束主要是说明国家决策层（国家权力机构）对国防财政执行层（国家财政部门和国防部门财政机构）的约束，国防财政执行层逐级而下的约束，以及国防财政执行层内部相关部门权力之间的制约。

2. 利益激励作用。国防财政治理结构的激励机制对国防财政运转起到利益激励作用。激励机制是否有效和充分，影响到各利益主体的行动积极性和行动的目标导向，直接关系到各层次委托代理关系实现的质量效益，最终影响到国防财政资金的使用效益。激励机制应包括体制激励机制、政策激励机制和资金使用效益的激励机制。其中，体制激励机制具有根本性和相对固定性的特点；政策激励机制具有基础导向性和调节性的特点；资金使用效益激励机制是指提高国防财政资金使用效益而得到的利益分配，具有直接性的特点。另外，国防财政的激励机制与公司的激励机制存在根本性的区别。公司各部门的绩效直接或间接地通过利润的多少体现出来，而国防财政提供的是国家国防功能，部队和国防单位组

织机构各部门、科层内部人员的绩效体现形式和评价方式区别于社会公司。在很大程度上，国防财政治理结构的激励机制完全不同于公司以利润为导向的模式，往往体现出行政官僚系统特有的属性，而与财政效益关系不明显。

3. 监督审查作用。国防财政治理结构的监督审查作用是保证国防财政有效运行，减少道德风险和逆向选择的重要制度性功能。完善的监督审查应通过体制性安排、规章制度建设、文化氛围培育来实现，贯穿于国防经费运行事前、事中和事后全过程，囊括经手国防经费的所有部门和个人。监督审查作用是国防财政治理结构的核心作用之一，是判断治理结构有效性的重要依据。监督审查作用低效，则治理结构必然是失败的。

二、国内外国防财政治理结构基本情况

为健全完善我国国防财政治理结构，需要充分借鉴西方发达国家的成熟经验。一般来讲，一国国防财政治理结构主要包括两个方面：一是治理结构中的层级架构体系；二是治理结构中的制度运行机制。层级架构体系是国防财政治理结构相关部门体系的机构设置、领导隶属关系和权责划分；制度运行机制是国防财政有机整体内在自动制导和运行方式，治理结构关注的制度运行机制主要指其权力的配置和制约机制、依据委托代理目标设置的激励机制、财政全过程的监督和审计机制。下面重点从这两个层面剖析国外的经验做法。

（一）国外国防财政治理结构基本情况

这一部分以发展较为成熟、在西方国家中最具代表性且参考资料较为充分的美国国防财政治理结构为重点进行详细说明，并以典型性和特性为依据简要介绍俄罗斯、日本和印度的部分情况。

1. 基于国家政治体制的国防财政外部治理结构层级构架体系。国防财政外部治理结构的层级构架体系是国防财政功能在国家政治体制构架上的反映。由于历史和现实原因，世界主要国家的国家政治体制各具特色，在国防财政外部治理结构的机构设置、领导隶属关系和权责划分上有所不同。但是从根本上来看，各国国防财政外部治理结构层级构架体系的设置均基于选民及其代表机构（议会）、国家行政元首与国家国防财政行政机关之间的委托代理关系。

（1）美国总统、国会与财政部构成国防财政外部治理结构层级构架体系。美国国防财政事务权力主要涉及美国民主分权制度的立法权力和行政权力。最高

立法权力机构——美国国会由参议院和众议院组成，是国防预算的审核机构，其主要职责是对国防财政预算进行立法、审批与授权，从宏观上对国防财政预算管理工作进行调控。国会总会计局对包括国防财政在内的所有政府经费进行全面监督，既要监督军队预算的编制，也要监督军队预算的执行和决算活动。美国总统是国家元首、政府首脑和三军统帅，是国家行政首脑，享有广泛的立法倡议权和重要的决策权，其行政命令与法律有同等效力。美国总统负责制定国家安全目标、下达防务决策指示，为国防财政预算的编制确立指导原则。美国在总统办公厅设行政管理与预算局，具体负责包括国防财政预算在内的联邦政府预算工作。美国财政部是处理美国联邦的财政事务的国家行政机构，其职权主要是依据国会批准和总统签署的《国防授权法案》和《国防拨款法案》对国防部进行拨款。

（2）俄罗斯总统、俄联邦会议和俄联邦政府构成国防财政外部治理结构层级构架体系。俄罗斯总统是国家行政元首，其国防财政相关职责包括：做出开始编制预算草案的决定；向俄联邦会议提交预算咨文；确定俄联邦预算政策；以联邦法律形式签发当前年度和计划年度的预算法；行使财政监督职能。俄联邦会议由联邦委员会和国家杜马组成，职责包括：审查和批准联邦预算，国家杜马负责审核联邦政府提交的预算草案，联邦委员会负责审核国家杜马通过的预算；送交俄联邦总统签署预算。俄联邦政府职责包括：负责拟订并向国家杜马提出联邦国防财政预算；确定从联邦预算中划拨的国防资金的使用办法；保障联邦预算法的执行；向国家杜马提交联邦预算执行情况报告；保障完善预算体系等。

（3）日本国会、内阁、安全保障会议与财务省构成国防财政外部治理结构层级构架体系。日本国会由参议院和众议院组成，是日本国家最高权力机关，是防卫财政的最高决策机构。主要职责是审议表决国防预算草案，使法律草案成为法律。在财务议案公布和生效阶段，日本国会通过的立法议案由天皇公布，天皇作为国家的"象征"没有实际决策权。内阁总理大臣即日本首相是三军最高统帅，也是财务管理的最高领导者。防卫经费预、决算案和有关法规及大政方针措施须提交内阁总理大臣审定，才能提交国会审议。权责包括：主持内阁会议，审批所有有关防卫财政的方针政策、规划计划及其他重大事项。内阁会议是行政部门中处理防卫事务的最高决策机构，负责对提交国会审议的有关防卫经费问题的法律草案、预算草案等做出决定。日本安全保障会议是日本国家安全方面的最高审议机关，也是首相的咨询机构，主要成员包括：首相、国务大臣、总务大臣、外务大臣、财务大臣、内阁官房长官、国家公安委员会委员长、防卫大臣、经济计划厅长官等政府要员。会议职责主要是审议防卫财政重要事项；提出战时拨款提案。日本财务省相当于其他国家的财政部。财务省权责包括：对防卫预算在内的中央政府各省（厅）预算的审查、平衡、汇总等工作；综合衡量国家财政预算的基础上，对防卫省提出的防卫经费概算进行审查和评定，在与防卫省协商的基础上编制年度防卫费预算，并将其纳入政府预算草案。

（4）印度内阁安全委员会、国民议会和中央政府财政部构成国防财政外部治理结构层级构架体系。印度最高国家安全决策机构是内阁安全委员会，负责制定包括确定印军国防经费预算在内的国家安全与国防的一切重大问题。内阁安全委员会下设国防计划委员会主要负责制定、审核和修订与国防计划相对应的国防预算，检查监督国防计划及预算实施情况等。国民议会是印度联邦的立法机构，由总统与人民院（下院）和联邦院（上院）组成。与其他国家不同，印度总统是议会的组成部分，负责召集和组织两院开会，两院通过的法案需要经过总统同意才能生效。国民议会具有立法、修宪、监督政府、监督财政和司法审查等职权。印军的国防五年计划、年度计划中的财政拨款等都处于国民议会的监督之下。① 中央政府财政部负责包括国防经费在内的国家财政的拨款和管理，对下与国防财政署对接。

2. 基于军队财务管理体制的国防财政内部治理结构层级构架体系。国防财政内部治理结构主要解决国防财政执行部门递级而下的各级单位之间的委托代理关系。国防财政内部治理结构层级构架体系其实是由国家财政机关指向军队、企业、高校科研院所等多部门的"多支干体系"。然而，不论哪一"支干"的治理结构层级构架体系均是基于这一"支干"的财务管理体制的，因此尽管从形式上看不同"支干"的治理结构层级构架体系差异巨大，但其本质是基本一致的。本文由于篇幅所限只讨论最重要的军费②"支干"部分，以军队财务"支干"为代表说明"多支干体系"，下面提及的国防财政内部治理结构相关问题均指军费相关问题。从世界各国的实践来看，各国武装部队财务管理体制均是由总部指向基层部队的多层级体系，主要大国一般都建立了总部、军兵种或战区、部队三级体系。这种多层级结构反映了国防财政内部治理结构层级构架体系的基本特征，即逐级而下的多层次委托代理关系。

---

① 军事科学院世界军事研究部. 印度军事基本情况［M］. 北京：军事科学出版社，2002.
② 《中国军事百科全书》将军费视作国防费的一部分，认为国防费中"用于军队建设和作战的称军费"，是国防经费分配到军队部门，由军队部门掌握使用的那部分国防经费。

（1）美国国防部、军种部和战区、部队组成的国防财政内部治理结构层级构架体系。国防部是美军包括财务工作在内的军事行政和军事指挥的最高领导机关。美国国防部在部长之下设有负责审计的副国防部长，同时兼任首席财务官，统一领导、管理和监督全军的财务工作。其下属的主要财务机构和人员包括：副首席财务官、负责规划和预算的副审计长、国防财会局、国防合同审计局。美军军种部是由国防部长领导的负责军种部队建设的职能部门，战区是由总统和国防部长指挥的地区作战中枢机关。各军种部财务机构直接向负责审计的副国防部长负责，无须经过副国防部长的下属机构。各军种均设有一名负责财务管理和审计的助理部长，该助理部长及其办公室是各军种的财务领导机构。各军种还设有一名总审计长，通常由负责财务管理和审计的助理部长兼任，总审计长及其所属的审计局负责各军种的审计工作。各军种部内部的审计工作则由本军种部长通过总审计长办公室实施。美军战区司令部办公室下设有审计办公室和审计长。其职责主要包括：提供各类财会服务、制定和执行预算，进行资源分析与监督，向国防部各层级提出当前和未来的资源需求，在审计和合同管理方面监督战区领导层。各战区审计办公室下通常设有财会处、预算处和规划管理处。美军基层部队层面，一般最低在旅一级部队设有专门的财会部队，负责本部队的财会事务。例如，美国空军在每个联队基本上都设有一个审计中队，美国陆军军一级的单位设有财会中心。

（2）日本防卫省、各自卫队、部队组成的防卫财政内部治理结构层级构架体系。即"防卫省集中统一领导，各自卫队和基层部队分工负责"的三级防卫费财务治理结构层级构架体制。日本防卫省是在首相领导下处理防卫事务的指挥监督与行政机关。防卫省防卫财政相关权责包括：提交防卫预算概算、独立提出防卫经费法案、直接向负责预算的财务大臣提出防务拨款要求等。防卫省财务装备局是主管日本自卫队财务、审计、装备工作的最高管理机构。财务装备局下设会计课、监查课等。自卫队一级以陆上自卫队为例，其参谋部所属监理部下设的会计课是陆上自卫队主管财务工作的领导机关，业务上受防卫省财务装备局领导，具体负责陆上自卫队经费的预决算、财务监察等，并对所属财务单位进行业务指导。陆上自卫队参谋部除设置财务领导机关外，还设有陆上自卫队中央会计队和会计监察队等直辖专业财务分队。自卫队基层部队都设有财务管理机构，分别负责本单位的经费预决算和采购、财务会计等项业务管理。

3. 基于标准化预算管理制度的国防财政治理结构制度运行机制。从实践上来看，现代国家国防财政正逐步从粗放式管理模式走向科学化、规范化和精细化管理，建立起以预算制度为核心的国防财政治理结构制度运行机制。20世纪60年代以来美国国防财政发展出了从PPBS（规划—计划—预算系统）到PPBE（规划—计划—预算与执行系统）的标准化和流程化的国防预算编制、审批、执行制度。美国国防预算建立并推行PPBE制度，在西方发达国家引起了强烈反响。英国、法国、日本、德国等许多西方国家都建立了这种国防预算制度，印度等一些发展中国家也根据自身的情况进行了尝试。这些国家的PPBE制度与美国的基本做法大致相同，但大多依据各国国情和军情在具体工作程序、管理规则、年限等方面进行了必要的调整。以PPBE制度为核心内容的国防财政治理结构，是一种由预算权力运行机制、评价激励机制和监督审计机制相互作用，并具有多层次委托代理关系的结构。

（1）权力运行机制。权力运行机制反映了权力配置和权力制约的结果，集中体现在国防预算编制、审批、执行全过程之中。权力运行机制设置合理，则权力运行顺畅，权力间委托代理目标能够高效率实现。美国国防预算起始，主管财务的副国防部长办公室和总统办公厅的行政与管理预算局对各军种和国防部各业务局提交的国防经费《概算书》进行评审，向国防部常务副部长提交《计划预算决策书》，反映主要项目的预算情况。国防部常务副部长审批后签署《计划预算决定》。总统在此基础上，签署《总统预算》并提交国会审议。与国防有关的法案，均由参、众两院所设的军事委员会和拨款委员会及其下设小组审查决定。军事委员会在规划计划的决策方面有否决权，拨款委员会在计划预算方面有决定权。国会收到预算草案以后，参、众两院的军事委员会召开国防授权法案听证会。在听证会上，国会各有关委员会对国防科研和采购计划按军种分别进行审议。听证会结束以后，参、众两院分别通过国防授权法案，然后两院协商委员会进行协调，由两院负责人签署国防授权法案，呈送总统签署。授权是预算监督的第一关，拨款是预算监督的第二关。国会通过了授权法案只是同意立项，要拿到钱还需要通过拨款法案。拨款法案听证会由参、众两院拨款委员会的国防拨款小组委员会主持。按照惯例，拨款法案首先由众议院审议，众议院国防拨款小组委员会和众议院拨款委员会通过后交众议院全体会议审议，通过后交参议院以同样的程序进行审议。最后两院商订一个国防拨款法案，送总统签署。财政部根据国会批准和总统签署的《国防授权法案》和《国防拨款法案》对国防部进行拨款。国防部再把国防经费指标分配给海、陆、空、海军陆战队等各军种和国防部各业

务局，但不直接把经费拨付给各单位。国防经费由国防财会局及其下属的 5 个财会中心统一管理和支付。

（2）评价和激励机制。有效的国防财政激励机制是建立在绩效评估机制之上的，是保证国防财政代理人按照委托人目标行动的有效措施。美国国防部的绩效评估主要采取《政府绩效与结果法案》、"总统管理议题"和项目评估分级工具三项措施。这三项措施相互配套，形成了一套成效显著的绩效评估系统。一方面，在此基础上建立的预算问责制度使国防部门的管理者对绩效结果承担责任，对不同部门的管理者实行褒优罚劣；另一方面，通过 PART（项目评估分级工具）的评估结果对国防预算资金的分配发挥信息反馈作用，将其作为国防预算资金分配的重要参考依据，可以看作是对预算资金分配的反馈性激励，从而在预算绩效和预算决策之间建立了直接的联系。《21 世纪国防转型法案》充分运用激励机制来诱导国防部门的施政行为与绩效预算的目标、意图保持一致，通过激励制度使国防部门和其工作人员能够从绩效的提高中获得物质上或精神上的奖励，从而保持实行绩效改进的动力。例如，该法案允许把节约的国防预算资金结转到下一财政年度使用，或者将结余的国防预算资金的一定比例作为对管理部门的奖励。[1]

（3）监督审计机制。监督的目的是防止代理人按照自己的利益诉求行事，而损害委托人的利益，减少各类道德风险和逆向选择问题的发生，保证委托目标的实现。审计是实现权力监督的有效手段，是世界主要国家在预算制度设计中极为重视的部分。美国国防财政审计分为外部审计、内部审计和合同审计三类。外部审计的主体是政府问责办公室，独立于行政系统，协助国会对各行政部门进行审计监督，可在任何时候从国防部调查国防计划、预算的执行情况，如果发现问题，有权要求国防部更正或向国会报告。内部审计的主体是国防部监察长办公室及下属军种审计机构，它侧重于对国防部各部门、各军种的财务状况、绩效情况以及合同管理与实施情况进行审计。合同审计的主体是国防合同审计局，它侧重依据法律、法规和有关条例，对承担国防合同的承包商履行合同行为进行审计[2]。俄罗斯国防财政监督可分为军外监督和军内监督两大部分。俄罗斯武装力量部门财政监察机关独立于各级指挥机关，建立了由上至下的国防部垂直监督体

---

[1] 刘斌. 引入绩效评估机制提高国防预算资金使用效率［J］. 后勤学术，2013（1）.
[2] 刘寰，周聿，陈莉. 中外国防经费审计比较与启示［J］. 财会月刊，2013（3）.

制。日本建立了比较完整的审计监督体系，这些审计机构都是相对独立的，根据审计主体的不同，分为外部审计和内部审计。其中，外部审计的主体是国家会计检察院，主要负责对国家各部门的经费使用情况进行审计监督，并将审计结果报告国会。内部审计的主体是防卫省财务装备局监查课及自卫队审计机构，主要负责对防卫省各部门、各自卫队的财务状况及合同的实施和管理情况进行审计。

（二）我国国防财政治理结构现状

1. 基于人民代表大会制度的国防财政外部治理结构层级构架体系。

（1）全国人民代表大会及其常务委员会。全国人大及人大常务委员会是我国国家最高权力机关，是人民权利的最高代表机关，对包括国防财政的国家财政具有最高的决策权力。其职权包括：制定和颁布预算法律；审查中央预算草案及执行情况；批准中央预算和预算执行情况的报告；改变或者撤销人大常委会关于预算、决算的不适当的决议。人大常委会的预算职权包括：监督中央预算的执行；审查和批准中央预算的调整方案；审查和批准中央决算；撤销国务院制定的同宪法、法律相抵触的关于预算、决算的行政法规、决定和命令。

（2）国务院及财政部。中华人民共和国国务院是最高国家行政机关，其包括国防财政的国家财政职权包括：编制中央预算、决算草案；向全国人大作预算、决算草案的报告；组织和监督预算的执行；决定中央预算预备费的动用；编制中央预算调整方案；改变或者撤销中央各部门和地方政府关于预算、决算的不适当的决定、命令；向人大报告预算的执行情况。财政部是中央政府财政管理的专职机构，其包括国防财政的国家财政职权包括：具体编制中央预算、决算草案；具体组织中央预算的执行；提出中央预算预备费动用方案；具体编制中央预算的调整方案；定期向国务院报告中央预算的执行情况。

2. 基于部队财务管理体制的国防财政内部治理结构层级构架体系。我军现行财务管理原则是"统一领导、按级负责、分工管理、财务归口"，形成了具有我军特点的国防财政内部治理结构层级构架体系。一是统一领导，就是指全军财务工作在中央军委的领导下进行，各级财务工作在本级党委的领导下进行。二是按级负责，就是在统一领导下，财务工作实行责任制，各级部队在财务管理上，履行其职责，行使财权，按级负责经费的供应保障、财务法规的贯彻执行、花钱办事的效益和成果以及解决部队建设中的实际问题等。三是分工管理，就是指事业部门和财务部门，按照划分的职责进行管理。事业部门作为分项经费的管理部门，主要负责分项经费的分配计划、结算报销、预算执行情况编报和事业成果的分析等；财务部门作为理财的综合部门，主要负责各项经费的统筹安排、综合平衡，编制审批预、决算，实施财务监督等。四是财务归口，指经费的划拨、收缴、结算和报销事宜，统一由后勤财务部门归口办理。

更具体地说，目前我国国防财政内部治理结构层级构架体系的主干可以归纳为"三级管理"和"双轨制"。从纵向上讲，"三级管理"是"统一领导，按级负责"原则的体现，即按照"中央军委、战区与军兵种、军以下部队"逐级而下的三级委托代理结构，形成三级预算主体，各级根据预算分配的经费指标和数额编制行使财权，同时在三级预算主体上建立独立的预算审查、执行、监控机构和制度。从横向上讲，"双轨制"是"分工管理、财务归口"原则的体现，1991年中央军委做出《关于改进和加强军队财务管理的决定》，实行"在党委统一领导下，各项经费由事业部门和后勤财务部门共同管理"的体制，简称"双轨制"。其核心内容明确了事业部门和财务部门的职权：事业部门首要职权是"提出分项经费年度分配计划，编制本级直接开支经费的预、决算，向同级后勤财务部门办理结算、报销"；财务部门首要职权是"负责各项经费的统筹安排和综合平衡，审核编制经费预决算。"①

3. 基于标准化制度管理的国防财政治理结构的制度运行机制。

（1）权力运行机制。权力运行机制反映了权力配置和权力制约的结果，集中体现在国防预算编制、审批、执行全过程之中。权力运行机制设置合理，则权力运行顺畅，权力间委托代理目标能够高效率实现。编制国防预算之初，国务院及财政部向国防部门发布编制国防预算草案的指示和具体规定。在中央军委的统一领导下，由军委总部规划部门制定国防预算规划，由军委总部财务部门自下而上收集国防经费概算，并提出年度国防经费概算，经军委一定权限审定后，报送财政部。财政部在对中央各部门提出概算进行综合平衡、反复测算的基础上，拟订中央各部门（包括国防部门）的预算指标，报经国务院批准后下达。

（2）利益激励机制。我国国防财政治理结构激励机制主要依托经费责任制实现，即利益与责权相统一。经费责任制管理，是指在国家政策和军队统一计划指导下，对部队内部各单位、各部门和个人实行经济责任、经济权利和经济利益相结合的一种管理制度。经费责任制内容有：一是划清经济责任。就是在经费管理中，要对贯彻执行国家的财经方针、政策和法令负责；对执行军队规章制度和

---

① 罗书勋. 关于改进和加强军队财务管理的决定［J］. 军事财政学，2007（11）.

财经纪律负责；对执行标准的经费物资预算、标准指标和定额负责；对保障供应、保证部队稳定和提高战斗力负责。二是授予一定权力。根据责权一致的原理，对承担经济责任者必须授予其经济责任相应的权力，即对经济活动的决策权、分配权、使用权和监督权。三是明确利益。就是责任单位和个人应获得与自己取得的效益相一致的利益。责权利的统一为奖励惩处或者说正向和逆向激励提供了基本的逻辑。

（3）监督审查机制。从国防财政外部治理结构来看，我国建立起了国家层面体制的监督审查机制，即国家权力机关和国家行政机关对国防部门开支的管理监督。我国对国防经费支出的审计监督，主要体现在军队审计。2016年军队改革之后，中央军委审计署是军队最高审计部门，主管全军的审计工作，对中央军事委员会负责并报告工作；各大单位设审计局，有关单位设审计处，审计业务以上级审计部门领导为主，日常工作由本级联勤（后勤）机关领导。军队一切有经济活动的单位和部门以及相关的责任人员，都要接受审计监督。平时，审计要对以国防经费为主的财务收支及其效益进行监督，以促进我军各项建设事业的发展和战斗力的提高；战时，要重点审计作战经费的收支活动及评估其使用效益，以保障战争胜利。此外，财务系统内部的预算机制属于技术性的监督机制，例行和专项的财务检查属于制度性的监督机制，"党委统一领导"对财务的管理以及军队纪检部门的监察属于体制性的监督机制。

三、 进一步优化国防财政治理结构的构想

（一）优化国防财政治理结构层级构架体系，加强国防财政权力配置统筹

1. 强化国防财政治理结构层级构架体系内部衔接。强化国防财政外部治理结构与内部治理结构层级构架体系之间的对接，加强全国人大和国务院、中央军委、财政部对国防财政预算具体开支目录和明细等内容的控制和监督权。

2. 优化国防财政内部治理结构层级构架体系。改变目前政府对军委总部机关、军兵种和战区的多头拨款局面，统一集中向中央或地方财政部门编报预算，财政部统一归口拨款，实现国防经费的财务部门统一管理和供应；优化事业部门和财务部门权责关系，实现统权与分权的科学化设置；调整整合财务体制编制，合并和削减预算中间层次，减少委托代理层级。

3. 引入规划计划权力体系。应借鉴美国规划—计划—预算与执行系统（PPBE）有益经验，在国防财政权力体系中专门引入规划计划权力体系，促使规划与预算编制执行有效衔接。积极构建战略规划部与总部财务部门的协调机制，搭建起规划与计划、预算编制与执行的双重桥梁，使规划、计划、预算、执行各个阶段更有效的衔接。

(二) 改进国防财政治理结构制度运行机制，提升国防财政体系运行效能

1. 完善评价机制。基于绩效的预算评价机制有助于科学反映军费的使用效率，有助于准确反映财务部门、事务部门实际工作能力，为合理削减军费支出和精简机构提供财务上的依据。[①] 对代理人行为进行技术性监督和约束，为激励措施提供信息依据。从指标内容上，应以结果和产出为导向，设置预算决策效益指标，预算执行吻合率指标等，对国防预算效益和执行情况进行评价。要重点评估军事效益，紧紧围绕"能打仗、打胜仗"的标准要求，考核被审计单位是否按战斗力标准花钱办事，评估战斗力生成、保障力生成效果。

2. 加强激励机制。要以科学的绩效评价为依托，以责权利相统一为标准，坚持社会主义特色物质奖励结合精神奖励进行正向激励。以精神奖励为主，物质奖励为辅，两者相辅相成，为代理人提供强有力的内在动力。

3. 强化监督机制。一是建立健全内部外部双重监督审计制度。所谓内部监督审计，主要是指由国防部门内部审计机构进行的监督审计，而外部监督审计则来自国防部门之外的国家审计机构对国防预算活动所进行的监督审计。考虑到国防预算信息的安全性、保密性等因素，在国防预算的双重监督审计中，仍以内部审计为主、外部审计为辅。二是推行独立审计。军委向各大单位派驻审计机构、委派审计人员，代表军委监督各大单位所有经济活动，解放军审计署通过对全军审计机构和人员的统一领导、统一管理来实现对部队经济行为和财务秩序的监督，减少被审计单位对审计的干扰，增强审计工作的独立性和权威性。三是抓好联合监督。国家部门和国防部门相关党务、司法、纪检、监察、审计、财务等职能部门，对经济活动都有一定的监督职能。应整合上述监督力量，对于国防财政相关的国防经济活动形成监督合力，提高监督效能。国防部门的审计部门应做好组织协调工作，建立联合监督工作机制。

(三) 提高国防财政治理结构法制建设水平，保障国防财政体系依法运行

为保障国防财政体系依法运行，必须加强国防财政治理结构法治建设。应以

[①] 刘廷宝. 对军队实施绩效预算的思考 [J]. 科技创业月刊，2011 (4).

《中华人民共和国国防法》为依据制定国防财政治理法案，包括国防预算法案和国防财政授权法案等；完善国防部门内部的《中国人民解放军财务条例》等规章制度，使得国防财政治理结构层级构架体系在法律上得到明确的落实，保证国防财政治理结构制度运行机制有法可依，不断提升相关法规的实用性和可操作性。

参考文献

［1］巴泽尔，Y.，著，费方域，段毅才，译．产权的经济学分析［M］．上海：上海三联书店、上海人民出版社，1997．

［2］郑红亮．公司治理理论与中国国有企业改革［J］．经济研究，1998（10）．

［3］宋文．国防经济学概论［M］．北京：国防大学出版社，2005．

［4］军事科学院世界军事研究部．印度军事基本情况［M］．北京：军事科学出版社，2002．

［5］刘斌．引入绩效评估机制提高国防预算资金使用效率［J］．后勤学术，2013（1）．

［6］刘寰，周聿，陈莉．中外国防经费审计比较与启示［J］．财会月刊，2013（3）．

［7］罗书勋．关于改进和加强军队财务管理的决定［J］．军事财政学，2007（11）．

［8］王丹，李云辉，郑杰．军队财务监督存在问题及对策［J］．军队审计，2013．

［9］刘延宝．对军队实施绩效预算的思考［J］．科技创业月刊，2011（4）．

PPBE 及其最新发展研究

陈利香　陈　波*

> [摘　要] 国防资源配置过程比较复杂，美国的规划—计划—预算—执行系统就是通过一系列程序来实现更有效配置国防资源的过程。本文先介绍这个系统历史发展过程和改革变化，然后对这个系统的四个阶段如何运行的过程进行详细描述。通过了解整个系统运作的过程及进展来为提高我国的国防预算效率提供一些借鉴之处。
>
> [关键词] 国防预算　规划—计划—预算—执行系统　资源配置

美国国防财政治理经过五十多年发展历史，形成了较为成熟的治理体系。当前在美国国防部内部，国防财政治理体系是按照规划—计划—预算—执行（planning–programming-budgeting-execution，PPBE）①四大系统协同实施，能够有效配置国防资源。同时，美国 PPBE 系统对其盟国国防预算体系建设具有深远影响，如日本、韩国、西班牙等国在国防财政治理实施过程中效仿 PPBE，国防预算和资源配置方面取得了良好成效。自 2015 年起，我国深入实施国防和军队改革，如何有效配置国防资源和提高联合作战能力是改革的主要目标。本文通过研究美国国防预算系统体制、机制和运行过程，为我国国防财政治理提供有意义的参考。

基金项目：中国财政发展协同创新中心 2019 年"美国国防预算研究"项目支持。

*陈利香：中央财经大学国防经济与管理研究院博士研究生，太原工业学院经济与管理系讲师；陈波：中央财经大学国防经济与管理研究院院长，教授，博士生导师。

① DoD Directive 7045.14. The Planning, Programming, Budgeting, and Execution (PPBE) Process. August 29, 2017.

一、历史沿革过程

美国的规划—计划—预算—执行系统是美国国防战略系统的三大支柱之一。从国防财政角度看，PPBE 是美国国防部实施财政预算资金分配的主要制度保障。

PPBE 历经几次重大改革。1962 年时任美国国防部长罗伯特·麦克纳马拉（Robert McNamara）创立国防部规划、计划、预算系统（planning-programming-budgeting-system，PPBS），经过实践最终发展为 PPBE。

20 世纪 50 年代，美国政府实施财政绩效预算改革，并于 60 年代开始实行 PPBS。本质上，美国财政绩效预算[①]试图将投入和产出联系在一起。艾森豪威尔执政期间由总统预算局（BOB）所采用的绩效预算，被描述为每单位已完成工作的成本费用，所关注的是对工作量的衡量而非产出和结果。1912 年，美国塔夫脱委员会开始采用绩效预算；1934 年，美国农业部采用绩效预算系统指导工作；20 世纪 30 年代末田纳西流域管理局采用绩效预算系统；1949 年，胡佛委员会强烈推荐使用绩效预算系统，使其成为美国政府实施财政预算最重要的管理体系[②]。

在 1962 年之前，美国国防部内部没有形成自上而下、协调顺畅的国防财政规划和预算方法。军兵种有独立的规划和财政预算系统，削弱了国防部在预算审查中的作用。肯尼迪政府时期，政府为加强政治控制，任命麦克纳马拉为国防部长（文官）控制军兵种，他制定了曾经在福特汽车公司采用的规划—计划—预算系统，目的是为了制定合理的国防资源规划和预算。1964 年 6 月 30 日，国防部正式开始实行规划—计划—预算系统[③]。PPBS 既是国防财政预算改革的主要方面，也是在资源约束下的可供选择计划及最终多年计划目标的一种新的分析方法。PPBS 旨在成为一个全面的分析规划系统。它利用经济学、系统分析、战略规划、控制论及公共管理等多个学科方法，来规划并分析可供选择的计划途径和目标，然后推算出国防财政投入与产出的效能比，确定要选择的手段和结果。国防财政预算成为易于监控投入，并确保实现军事任务与国防能力的提高。1966 年，约翰逊总统认识

[①] Burkhead, Jesse. *Government Budgeting* [M]. New York: John Wiley and Sons, 1959, pp. 340–356.
[②] McCaffery & Jones. *Budgeting and Financial Management in the Federal Government* [M]. Greenwich, CT: Information Age Publisher, 2001, p. 69.
[③] Feltes, L. A. *Planning, Programming, and Budgeting: a Search for a Management Philosopher's Stone*. [EB/OL]. www.airpower.maxwell.af.mil/airchronicles/, 1976.

到 PPBS 在国防财政治理中的实践价值，签署了一项命令，决定在整个联邦政府系统内采用该预算方法。美国国会认为 PPBS 会削弱政治权力，理查德·尼克松总统因为政治而非效率原因叫停了政府范围内的 PPBS 试验，但美国国防部在内部采用 PPBS，经过实践逐步完善，形成了独特的国防财政治理体系。[1] 在此后几任总统和国防部长任期内，PPBS 基本框架和特征一直保留至今，操作方法被进一步完善。PPBS 先后经历了莱尔德（Laird）改革、《戈德华特—尼科尔斯国防部重构法案》、2001~2003 年拉姆斯菲尔德的国防转型三次重要的改革，拉姆斯菲尔德改革后增加了"执行"这个阶段，重新命名了这个过程，现在称为 PPBE。

1969 年，梅尔文·莱尔德（Melvin Laird）接任国防部长，推行国防预算改革。他为了实施削减国防预算和军队规模的改革计划，突出军种部门的重要性，强调参与式管理，实施权力下放，获取军方领导的信任与合作。在莱尔德任期内，改革的目标专注于从越南撤军，美国军队参与越南作战的人员从 1969 年的 549500 人降到 1972 年 5 月的 69000 人。他也制订了其他国防改革计划，比如与其他国家的成本分担，保持技术领先（比如 B-1 型炸弹、三叉式潜艇），提高采购效率，增强战备，战略充足，以及核建设限制。[2] 在管理方面，莱尔德强调各军种部长和参谋长联席会议主席在预算制定中的作用，重新采用了军种计划和预算上限（固定比例），预算上限概念在国防预算系统实践中被应用了 40 年。在制定规划和预算时，美国各军兵种期望使计划和预算与预算授权总额（TOA）保持一致[3]。

1986 年，美国国会通过了《戈德华特—尼科尔斯国防部重构法案》，该法案突出强调参谋长联席会议主席作为总统和国防部首席军事顾问和发言人的权力，为参谋长联席会议主席增配了工作人员，赋予参谋长联席会议主席在 PPBS 重要阶段提出背景需求和审查参与者提交的计划。该法案建立了由总统到国防部长再到联合（作战司令部）司令（CINC）的国家指挥权，增加了国防部门的权力。在防区内，作战司令部拥有部署兵力和开展军事活动的权力，还拥有作战及指挥的职责。美国军兵种部门为作战司令部提供必要的军事后勤保障。该方案明确：军种承担军事训练，为防

---

[1] Korb, L. Department of Defense Budget Process: 1947-1977 [J]. Public Administration Review 37/4, 1977, pp. 247-264.

[2] MaCaffery J. Jones L. R. Reform of Program Budgeting in Department of Defense [J]. Public Management Reveiew, 2005, 6 (2).

[3] L. 麦卡菲，L. R. 琼斯. 国防预算与财政管理 [M]. 北京：经济科学出版社，2013.

区内联合司令部司令统一指挥作战提供人员和装备。《戈德华特—尼科尔斯国防部重构法案》创设了参谋长联席会议副主席职位。通常情况下，参谋长联席会议副主席是积极的改革者，通过所在的各种委员会组织对国防部内的资源规划过程产生影响力。

2003年，拉姆斯菲尔德接任国防部部长，对PPBS进行较大改革，更名为规划—计划—预算—执行系统，简称PPBES[1]，后使用PPBE的名称。拉姆斯菲尔德推行国防预算改革有以下三个重要方面：

一是美国国防部把原来单项计划审查和预算审查进行融合，一体化为计划、预算审查，在一个审查周期，计划审查和预算审查同时执行。在向国会提议的计划目标备忘录组合中，国防预算描述和证明各军种部门资助计划的合理性和必要性。审查计划目标备忘录、规划和计划指南与预算审查的分离性会造成国防财政治理的紊乱，"经常未能将战略决定整合成一体化的防务计划"[2]。国防部通过缩短构想计划的时间简化审查过程，以增加执行审查或评估的时间。针对PPBE系统运行周期长和审查程序烦琐等问题，国防部做了进一步改进。

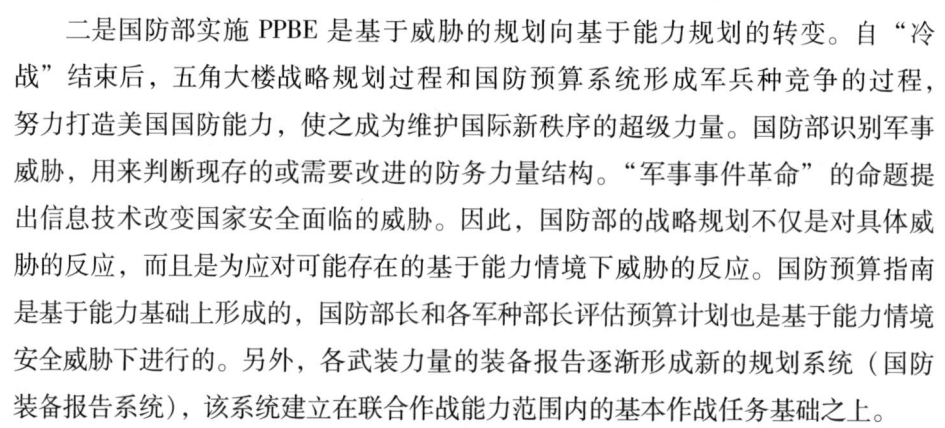

二是国防部实施PPBE是基于威胁的规划向基于能力规划的转变。自"冷战"结束后，五角大楼战略规划过程和国防预算系统形成军兵种竞争的过程，努力打造美国国防能力，使之成为维护国际新秩序的超级力量。国防部识别军事威胁，用来判断现存的或需要改进的防务力量结构。"军事事件革命"的命题提出信息技术改变国家安全面临的威胁。因此，国防部的战略规划不仅是对具体威胁的反应，而且是为应对可能存在的基于能力情境下威胁的反应。国防预算指南是基于能力基础上形成的，国防部长和各军种部长评估预算计划也是基于能力情境安全威胁下进行的。另外，各武装力量的装备报告逐渐形成新的规划系统（国防装备报告系统），该系统建立在联合作战能力范围内的基本作战任务基础之上。

三是美国政府实行两年期国防预算改革，由原来每年一次的国防预算整合为两年一次的国防预算。国防部利用"小年"（单数年）全面审查计划和国防财政支出执行情况，不准备预算；"大年"（双数年）开展周期为两年的国防预算。军种部门是在"大年"提交《计划目标备忘录》（POM）和《预算估计提呈》（BES），"小年"只是对提交的计划做小幅修改，利用《计划变更建议》或《预算变更建

---

[1] Jones L. R., and McCaffery. J. L. Reform of PPBS and Implications for Budget Theory [J]. Public Budgeting and Finance, 25/3, 2005, pp. 1–19.

[2] Secretary of Defense. *Management Initiative Decision* 913. Washington, D. C.: DOD, May 22, 2003.

议》来实现调整，需要修改的计划必须达到一定资金数额或具有重大意义。之前，国防部每年发布一次《防务规划指南》（DPG），变为两年发布一次。《防务规划指南》发布依据是 2003 年 5 月 22 日时任国防部副部长保罗·沃尔福威茨提出的《管理倡议决定第 913 号》。这次改革并不成功，只有 2004 年和 2005 年执行了这个新的国防预算模式。在 2006 年及以后，国防预算又回到传统的执行过程。

二、PPBE 的运行过程

美国国防部从军事战略目的出发，实施规划—计划—预算—执行系统（PPBE）运行过程。从美国国防部内部角度看，PPBE 是为了给作战部司令官（CO-COM）提供最佳的资源组合（人员、设备、能力和保障），并在一定财政约束下实现这些目标。从国防部外部看，PPBE 是国防部试图从《国家安全战略》中实现政治权力划分，国防部要和其他联邦机构竞争从而获得国家财力分配的份额。PPBE 主要把《国家安全战略》和美国总统的外交政策转换为军事战略、规划、计划，约束国防预算的支出形式。

从每个阶段的目标来看，规划阶段的目标是识别国家间战略和防务能力之间的差距，并且给出可执行的计划，按照规定发布计划内容。计划阶段的目标是设定计划之间的资源分配，在一个周期范围内实现既定战略目标。预算的阶段目标是审查计划的抉择，以实现法定程序的既定目标。执行的阶段目标是实现战略目标和获得期望的防务能力。在一定约束条件下，PPBE 构建从部门战略和规划，以实现这些战略和规划的预算系统。PPBE 中的预算计划是准备提交给立法机构，其中包含周期内项目计划的修改内容，需要获得国会授权。军兵种部门获取所需的财政拨款授权，严格按照授权执行国防预算，按照既定计划来实现战略目标。

（一）规划阶段

规划阶段是起始阶段，美国总统发布《国家安全战略》作为规划阶段的起点。国防部长、国务卿、国家安全顾问、中央情报局局长、国土安全部长等与国家安全有关的重要人员组成规划委员会，制定战略规划。国防部长签署《国防战略》，提出战略目标，为各军种和联合指挥官提供战略方向。各军种和联合指挥官启动制定其规划和需求。虽然各军种和联合作战部队司令官的具体程序并不相同，但必须按照国防部制定的最后期限提交战略规划。

规划阶段主要由国防部长办公厅（OSD）负责，参与者还包括参谋长联席会议主席（CJCS）、作战司令。规划阶段发布总统签署和国家安全委员会审议的国家最新战略，国防部长签署和发布国家防务战略（NDS）和四年防务审查（QDR），参谋长联席会议主席签署国家军事战略（NMS）。国防部负责综合不同部门的情报信息，评估应对国家面临的威胁所具备能力，同时结合财政约束条件，提出《防务规划指南》。《防务规划指南》是一个指导未来 6~20 年长远规划的指导建议，也是规划阶段形成的重要成果，在国防部层面指导《计划目标备忘录》（POM）和《预算估计提呈》（BES）的制定。

规划阶段关注的重点是识别防务战略规划与军事能力之间匹配程度，以此作为依据制定新的战略规划，最终目标是提高联合作战能力。规划是一个连续的过程，不需要每年发布战略文件。规划战略文件具有战略性，会依据国防部长的要求定期进行调整，每年进行全面修订。该文件与《计划目标备忘录》和《预算估计提呈》运行的自然年度周期并不同步。

从图 1 可以看出，美国国防预算规划阶段的主要指导文件和流程，显示了规划阶段的负责方及参与方，所有箭头都指向《防务规划指南》，显示其重要性。《防务规划指南》一般会在 4 月初发布。

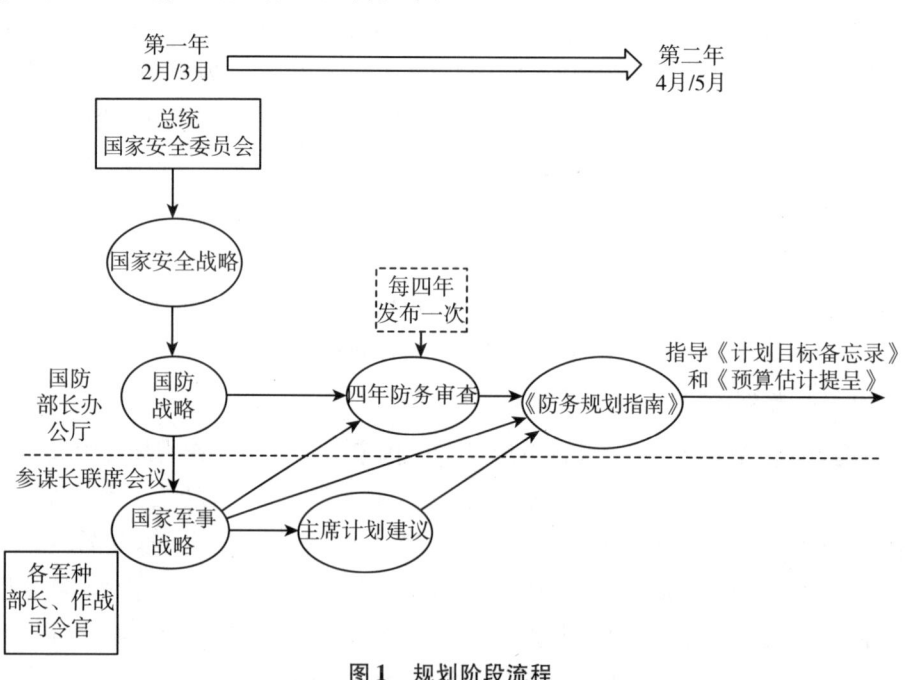

图 1 规划阶段流程

（二）计划阶段

计划阶段的主要目标是配置国防资源，为各军种和国防部各业务机构完成使命和任务提供保障。在《防务规划指南》约束和授权规则的限制下，在中期时间段（一般五年到八年）内，计划阶段主要是实现《防务规划指南》设定的目标。计划阶段的具体目标是界定项目计划（硬件采购、技术开发、军队结构、后勤态势、人力需要、训练需求、保障基础设施、C4I 系统能力[①]、行动节奏等）[②]，这些计划将在现行的财政约束下最大限度地满足规划阶段的需要。国防资源分配是在成千上万的计划元素（PE）中做出选择的，由授权责任、人员和项目等组成。计划的起点是未来年防务计划（FYDP）[③]最新的版本，该版本与前一年总统国防预算版本是一致的。计划阶段主要发生在冬季后期和春季早期，正式定义为预算年加上未来四年预期支出年。计划阶段主要成果是《计划目标备忘录》（POM）。

计划阶段的目标备忘录主要来自各军种部门每年在 7 月底前提交的项目计划申请，国防部办公厅负责组织审查。计划是军种总部指挥的职能，也是制定政策的过程。军种指挥不必要掌握计划涉及所有知识，可以从其他机构了解规划阶段的信息，明确战略和需要的能力，识别差距和不足。国防预算中相对更详细的计划工作来自五角大楼外部。各军种计划的重点和设定的能力是不一样的。

从国防部层面看，计划阶段的审查重点是所制订计划目标是否与规划阶段的防务战略指南保持一致。审查流程如图 2 所示，自 2003 年改革以来，《计划目标备忘录》与《预算估计提呈》同时进行审查。从 8 月到 12 月，由国防部长办公厅和成本分析与计划评估局（CAPE）共同审查，其中 CAPE 会组织议题组进行审查，解决存在的问题。由国防部长办公厅部门主管担任领导、联合参谋部和各军种计划人员组成的三星小组将会对重大事项进行分析并将决议书呈报国防部长裁决，国防部副部长顾问工作小组（DAWG）处理计划中的次要问题，形成建议

---

① C4I: command, control, communications, computers and intelligence system 一体化的指挥、控制、通信、计算机和情报系统。

② 选自美军《实用财务管理——国防部财务负责人手册》第 5 章规划、计划、预算与执行系统（PPBE）。

③ 未来年防务计划也是国防计划，是军队结构及资源的"一揽子"计划。该计划从属于一个大型数据库，由成本估算与计划评估局（CAPE）负责维护。这计划阐明了上一年度、本年度、预算年度及未来四年的规划支出。通过《计划目标备忘录》过程更新未来年度防务计划。

提交国防部副部长裁决。所有重大议题和次要议题的决议都要纳入《计划预算决议》（PBDS）。

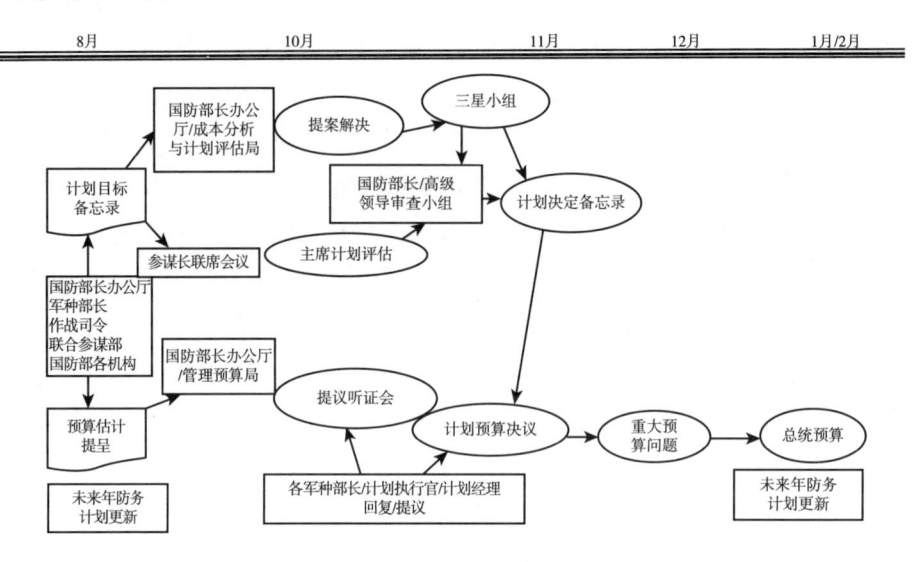

图 2　计划/预算阶段审查流程

（三）预算阶段

《计划目标备忘录》的完成意味着计划阶段的结束，也是预算阶段的主要依据。预算阶段的目标是考虑将《计划目标备忘录》的每项计划，并转换为更精确的预算支出计划。国防部副部长（主计长）负责预算阶段的全面协调工作。《计划目标备忘录》与《预算估计提呈》提交国防部长办公厅之后，国防部副部长（主计长）办公厅和管理与预算局（OMB）的预算分析师对各军种提交的建议书进行评估。评估过程中，主计长评估重点是预算的合理性和执行力；预算分析师评价制定计划时所做的计划备选方案。

从国防部层面看，预算阶段主要工作就是预算审查。在 2003 年国防预算改革后，预算审查同《计划目标备忘录》审查同时进行，从本财年 8 月开始持续到 12 月。各军种制定预算计划，提交国防部副部长（主计长）审查与管理与预算局参与审查，主要审查各部门和机构的计划成本，重点有两个方面：一是计划定价，是预算涉及国防投入的成本；二是计划可执行，是指计划要分阶段，计划要有资金分配流程，负债率和费用率等。审查后的一系列决议都记录到资源管理决策评估（RMD）中。在对《计划目标备忘录》与《预算估计提呈》进行了全面的评估后，国防部长办公厅与管理预算局举行预算听证会，为拨款事项及计划准备一系列附加的资源管理决策（RMD）。

国防部副部长和管理与预算局对重大问题召开听证会，参加听证会的有各军种部长、计划执行官（PEO）和计划经理（PM），对重大预算进行回复和申请复议，对确实有重大决议需要改动的，提出改进建议。在国防部长做最后决定之前，各军种部长在12月底最终将预算计划提交到管理与预算局前有最后机会向国防部长提出重大预算问题。国防部经过听证和讨论反馈后，所有决定都会记录在《计划预算决议》中，向总统提交国防预算。这个阶段完成后，《未来年防务计划》会进行更新，成为下一周期的预算基线。

（四）执行阶段

执行阶段包括两个独立但相关的方面：预算执行和执行审查。国防部需要评价当前获得的拨款和支出程度（如测度已经拨款资金和费用，并与国防部长办公厅拨款资金的目标进行对比）。国防预算拨款需要比较国防部承诺完成拨款情况与实际完成情况（例如获得成效），通过评估计划的目标和执行审查的结果情况建议调整资源或计划结构，以实现既定目标。预算执行是具有管理性的例行工作，预算周期自每年2月总统预算提交国会开始。美国国会在4月和5月通过授权法案和拨款法案，进入具体预算执行。管理与预算局确保财政部国防财政拨款，国防部长办公厅再将预算资金分配到各军种和职能部门，9月底前预算执行过程结束。执行审查发生于计划和预算审查阶段，执行审查就预算的有效性向国防部长办公厅的高级领导提供反馈意见。PPBE的整个运行过程中会存在计划偏差，如果PPBE的计划没有考虑支出偏差，执行审查可能提出建议调整预算，来保障计划目标的实现。

（五）PPBE运行整体特点

PPBE是一个时间驱动的过程，通过PPBE的时间发展轴可以清楚地了解其运行过程。在国防预算的一个周期中，四个阶段是顺次运行，但在同一日历年看，四个阶段也是相互交叠的运行。如图3所示，自2003年改革以来，PPBE是两年（单数和双数年）循环一次，实际要4年才能完成全部过程。这意味着任何既定的两年一轮PPBE周期，前两年的事件会和后两年的事件交叠发生，后两年的事件会和下一周期前两年的事件交叠发生。在PPBE过程的两年周期内，周期的单数年进行计划、预算审查，各军种部和机构不提交《计划目标备忘录》

与《预算估计提呈》，双数年要编制计划和预算变更提案和基于事实变更的计划与预算估算建议书。

	自然年2012	自然年2013	自然年2014
	1 2 3 4 5 6 7 8 9 10 11 12	1 2 3 4 5 6 7 8 9 10 11 12	1 2 3 4 5 6 7 8 9 10 11 12
财年2012	执行 2012财年及以前	第二年	第三年
财年2013	颁布 2013财年 总统预算	执行 2013财年及以前	第二年	第三年
财年2014	规划 / 计划/预算 2014~2018 财年2014~2018 POM 财年DPG 财年2014~2018 BES	颁布 总统预算 财年2014	执行 2014财年及以前	第二年
财年2015	规 划 财年2015~2019 DPG	计划/预算 财年2014~2018 POM 财年2015 BES	颁布 总统预算 财年2015	执行 2015财年及以前
财年2016		规 划 财年2016~2020 DPG	计划/预算 财年2016~2020 POM 财年2016 BES

图 3　PPBE 资源分配过程

如图 3 所示，在任何指定时间内，多个财政年度的预算和 PPBE 的循环周期都在"进行之中"。图顶端是 2012～2014 自然年度（日历年），图左侧是 2012～2016 各个财政年度。在 2012 年 8 月处，自上而下的垂直虚线指出时间点。

在虚线的最上方可以看到，2012 财年资金执行计划即将完成，并进入到执行完 2012 财年的资金计划后的第二个财年。从虚线的右侧可以看到，美国国防预算正执行 2012 财年的资金预算；2013 财年的预算资金正在国会审议与制定过程中；2014 财年的预算资金正处在《计划目标备忘录》和《预算估计提呈》的评估程序中；2015 财年的资金预算正处于 PPBE 的规划阶段。如果研究人员向左或向右移动这条垂直虚线，就会较为容易地判断某个财年预算资金处于 PPBE 程序中的哪个阶段了。图 3 是理解 PPBE 过程中多个周期发生、重叠及彼此之间相互作用的一个简单办法。[①]

---

① Potvin, Lisa. *Practical Financial Management*: *a Handbook for the Defense Department Financial Manager*. 12th Edition [M/OL]. http://hall.handle.net/10945/43270, 2013.

三、PPBE 的发展变化、存在问题与展望

（一）PPBE 的发展变化

1. 规划阶段变化。冷战后国防预算规划阶段的基本理念逐步转变为基于能力的规划。联合作战能力的构建将是未来国防预算结构的主要方向。在国防预算结构中，主要军力结构计划一般为 11 项，联合能力评估与主要军力结构是平行发展，具有重合性，未来联合能力评估会取代主要军力结构尚不明确，但是联合能力评估更强调联合需求基础上对联合能力的构建[①]。就资源分配决策而言，国防预算规划的目标是识别国家军事战略及现存与未来将要形成的军事能力之间是否存在差距与错配的程度，并且为后续的计划阶段提出目标。在规划阶段，国防部对军事能力和规划战略的适用性的前端评估非常重要。国防部长认定的重大问题将会在《战略规划的前端评估》（FEA）[②] 中发布，其评审结果会用于指导国防部门和各军种机构的计划和预算行动。《战略规划的前端评估》在 2012～2016 财年计划和预算发展过程中第一次使用，主要考虑八大问题：战略沟通与信息操作、远程作战体系、机载情报、监督和侦查、空间防务、全球形势、作战设备重置、综合防空和导弹防御。《战略规划的前端评估》与规划阶段发布的《防务规划指南》是同一时期制定的文件，《防务规划指南》是用于指导各个军种部门指导计划和预算行动，可能会早于《战略规划的前端评估》发布。《战略规划的前端评估》过程是规划阶段持续审查过程，如果有国防部长认定的重大问题将会列入规划中用来指导各个军种和部门。

2012 年 8 月，美国参谋长联席会议主席指令发布，《战略投资组合评估报告》（SPRS）取代了《战略规划的前端评估》（FEA）。美国各军兵种承担的战略投资组合评估报告将在夏季和初秋期间进行，与计划和预算决策过程同时进行。《战略投资组合评估报告》将讨论国防部长提出的影响国防部资源配置的重大战略问题。在国防部长的指导下，成本分析与计划评估局长

---

① 联合能力评估 JCA 的九大领域主要是：军力支援（force support）、战斗空间意识（battlespace awareness）、军力应用（force application）、后勤（logistics）、指挥与控制（command and control）、网络中心（net-centric）、保护（protection）、构建伙伴关系（building partnerships）、合作管理与维护（corporate management and support）。

② Introduction to Defense Acquisition Management. (10th). Published by the Defense Acquisition University Press for Belvoirvirginal, 2010, 8, pp. 56–57.

将协调各战略投资组合中各方面的利益,旨在制定能在计划阶段完成的解决方案。在规划、计划和财政指南以及各战略投资组合评估报告的指导下,各军事部门、美国特种作战司令部、联合参谋部和各国防机构制定其国防预算计划。

2. 计划和预算阶段的变化。2003 年美国国防预算实施了两年期预算改革,但并不成功,只有在 2004 年和 2005 年执行了这种预算方式,2006 年又回到传统的预算过程,2010 年国防部取消了这个两年期预算[①]。实际上,在 1986 财年的国防预算授权行动中,要求国防部长办公厅和相关机构要提交两年期预算,也就是在 1986 财年提交 1988 财年和 1989 财年的两年预算报告。这要求国防部每次提交两个财年的预算,在下一财年再重新提交上一财年两年期预算的第二财年的预算,国会对国防部需求拨款授权仍然是每年一次进行。美国国会在本财年提交的两个财年预算中对第一财年预算进行授权拨款,其中第二财年预算要在下一年预算进行授权。自 2008 财年,国防预算授权行动废除了两年期预算,从 2010 财年开始生效,国防部又回到每年都要提交计划和预算的周期。PPBE 过程又成为年度事件,每年度的国防部预算需要提交给管理与预算局,并构成总统预算的部分。在国防部指令第 7045 号中,国防部政策中规定预算只覆盖一年,每年均应编制计划和预算。

2014 年 12 月 11 日,国防部副部长罗伯特·沃克签署备忘录"重置规划—计划—预算—执行过程",声明国防部从 2017 财年开始返回到一个国防预算顺次发生的预算过程,正式的备忘录形式的指令于 2015 年 3 月 23 日生效,计划和预算应该分隔开来进行,计划审查由成本分析和计划评估局的局长来负责,审查要考虑综合计划、战略能力的平衡,并与战略指南保持一致。国防部副部长负责预算审查,主要评价各部门提交预算的可执行能力、绩效和与规划指南是否存在差距,"提供更多机会使军种部的计划和预算与战略和指南保持一致,允许各军种部提出更好更具有防御性的预算提交给国会"[②]。2017 财年的预算在 2015 年发生,在 2015 年,每个部门将需要编制一个单独的《计划目标备忘录》和《预算估计提呈》,《计划目标备忘录》涵盖 2017~2021 财年的计划,《预算估计提呈》

---

① Defense Acquisition University. Planning, Programming Budgeting & Execution (PPBE). [EB/OL]. 2017, Sep29, http//www.dau.mill/acquipedia/Page/Article Details.aspx? aid = /ofdf6co_30ca_43ee_81a8-717156088826.

② Bertura, Tony. *DoD Begins Major Planning, Programming, Budgeting and Execution "reset"* [J]. Inside the Pentagon's Inside the Navy, 27/50, 2014.

仅涵盖 2017 财年①。

从图 4 可以看出，美国国防预算是顺次进行的，计划和预算阶段又回到 2003 年改革前的模式，不再同时提交并行的《计划目标备忘录》和《预算估计提呈》。7 月各军种向国防部提交《计划目标备忘录》。8 月初国防部对《计划目标备忘录》进行内部审查，然后成本分析和计划评估局进行审议并负责向国防部长提交决议。12 月发布《计划决议备忘录》（PDM）。9 月国防预算开始进入预算审查阶段，国防部副部长和管理预算局负责审查和管理，形成预算审查决议，并记录在计划预算决议中。《计划目标备忘录》决议与审查决议都会融入资源管理决定（RMD），管理与预算局将审议的国防预算提交总统办公室，并构成总统预算的一部分。

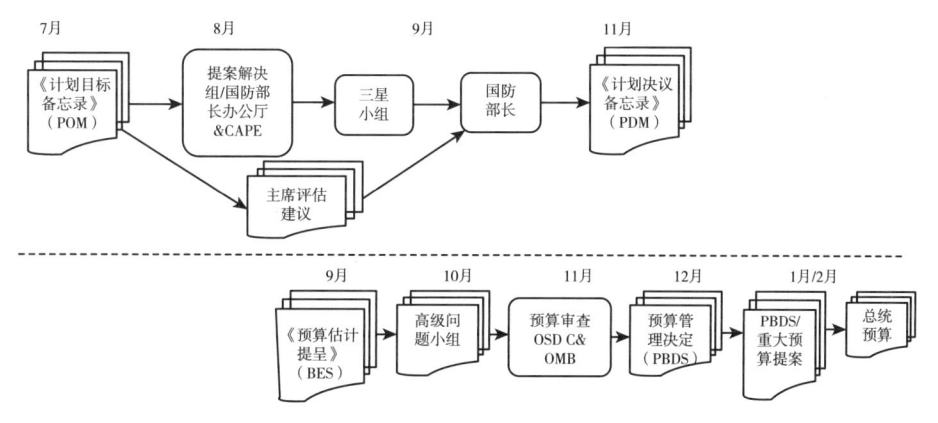

图 4 计划和预算审查分别独立过程

资料来源：ACQuipedia. DAU. https：//dap. dau. mil/acquipedia/Pages197.

3. PPBE 相关术语的变化。美国国防部最终战略文件是在规划阶段发布，称为《防务规划指南》（DPG）。2015 年美国国防部将《四年防务审查》更名为《防务战略审查》。《防务战略审查》提供了全面的审查结果，包括潜在威胁、战略、军力结构、装备情形、现代化项目、基础设施、信息化作战和情报。国防预算综合性的计划预算决定改为两个决定：《计划决定备忘录》和《计划预算决定》，分别记录审查的计划阶段和预算阶段的决议。

---

① Defense Acquisition University. Planning, Programming Budgeting & Execution (PPBE). [EB/OL]. 2017, Sep29, http//www. dau. mill/acquipedia/Page/Article Details. aspx? aid =/ofdf6co _ 30ca _ 43ee － 81a8 － 717156088826.

（二）存在的问题

美国国防部实行的规划—计划—预算—执行系统在国防资源配置的过程中发挥着重要作用，但也一直存在争议。随着时代发展，美国学术界对 PPBE 的功过评述也在变化。20 世纪六七十年代，学术界的批评主要关注建立规划、计划、预算系统（PPBS）本身问题，一些评论是计划预算系统所面临的挑战，一些评论是对分析规划公平性和完整性的批评[1]，包括不正当激励系统的构建[2]，还有学者提出 PPBS 发展的建议。有些学者批评 PPBS 的程序设计和运行是否有效率，或是否有效独立于产出系统[3]。

近年来，PPBE 受到的批评来自有政治科学背景的公共预算学者。学者们认为，PPBE 过于注重分析，过度依赖于经济分析而对于政治分析不足。富兰克林·斯平尼（Franklin C. Spinney）的《生活的国防事实：规划与现实的错配》（1985）指出，部门需求和资源过程存在缺陷。[4] 军事部门需求往往超过资源约束，其对国防资源的基本需求只是为了争夺资源，并非是出于现实目标的需要。

21 世纪初，学者们对 PPBE 进行了批评，特别是对追加拨款使用进行了批评。认为假如 PPBE 的设计是为了目标和战略能够融合，并采用相应的方法和手段来实现目标，那就应该更好地设计这个系统。美国 PPBE 设计是解决基础预算需求，不是针对恐怖主义战争，强调认识到这点很重要[5]。1974 年《国会授权法案》后，美国国防预算追加拨款只在两种情况下使用：国家灾难和军事意外的响应和恢复[6]。这两种情况意味着国防财政支出的成本是无法预测和紧急发生的。纵观历史，美国也只有在战争前两年（朝鲜战争和越南战争）使用过追加拨款，战争成本的预算包含在每年基本国防预算内。但是，在 2001 年"9·11"

---

[1] Dror, Y. Policy Analysts: a New Professional Role in Government Service [J]. *Public Administration Review* 27/3, 1967, pp. 197 – 203.

[2] Chwastiak, M. Taming the Untamable: Planning, Programming and Budgeting and the Normalization of War. [J]. *Accounting, Organizations, and Society* 26, 2001, pp. 501 – 519.

[3] Frank, J. E. A Framework for Analysis of PPB Success and Causality [J]. *Administrative Science Quarterly* 18/4, 1973, pp. 527 – 543.

[4] Spinney, Franklin C. *Defense Facts of Life: the Plans/Reality Mismatch* [M]. Boulder, CO: Westview, 1985.

[5] L. R. Jones, and McCaffery, J. L. Budgeting, *Financial Management and Acquisition Reform in the US. Department of Defense* [M]. Charlotte, NC: Infromation Age Publishing, 2008.

[6] McCaffery, J. L., and P. Godek. Defense Supplementals and the Budget Process [J]. *Public Budgeting and Finance* 23/2, 2003, pp. 53 – 72.

后，国防预算追加拨款被立即使用①，而且使用时间也超过两年。批评者认为，国防预算用于应对灾难和战争的追加拨款行动次数太多，特别是"9·11"后，2001~2010年，在不同军事行动中使用了34次（其中26次由国防部办公室资助，8次由联邦机构资助），还有大量从其他拨款中转移的资金。②

另外，PPBE的设计因素也饱受责难。PPBE涉及众多部门和机构，随着专业化分工的细化，如果这些专业化机构不能相互信任和协同，难以从一个组织（程序）的产出变成另一个组织（程序）的投入达成共识。PPBE协同程序频繁的变化，同时，军种部门军官的重组都会阻碍形成联合系统的能力。部门间角色变得模棱两可，或者对这个系统充满疑虑，牺牲了系统内容的管理。另外，很多学者认为从PPBS到PPBES的演进仍然不完整。在PPBE中，E代表执行（execution），从广义上讲，它也有可能被称为评估（evaluation）。执行正常是指预算支出，意味着评估目标是否实现。成本与预算评估局的设立增加了计划评估能力，但是，在考虑当前及过去计划和预算决策的绩效的时候，成本与预算评估局的建立时间太短，难以确保会真正发挥反馈机制的作用。

(三) 未来展望

未来，美国国防预算改革方向主要集中在两个方面：一是多阶段的规划预算体系，取消计划这个阶段；二是实行多年期预算改革，减少国会政治影响的机会。

首先，制定一个两阶段规划和预算体系会精简国防部的规划、预算、执行工作，形成一个更长期的拨款期限。国防预算执行模式程序复杂，需要在一个财政年度结束前完成一年的拨款，不同拨款的不同拨款期限混合，使得预算执行管理变得复杂。

其次，国防部的很多预算是多年期的模式——军事建设、舰船和飞机等长寿命物资的采购时间较长，执行军事任务的人员和战略行动支出（操作和维护(O&M)）时间较短。实际上，部队规模和组成是相对固定的，而且会保持这种状态，除非发生某种外部危机事件，必须进行评估和变动。军事人员可能是两

---

① Candreva, P. J., and L. R. Jones. Congressional Delegation of Spending Power to the Defense Department in the Post 9-11 Period [J]. *Public Budgeting and Finace* 25/4, 2005, pp. 1-19.

② L. R. Jones Philip J. Candreva Marc R. DeVore. Financing National Defense Policy and Process [M]. 2012, P. 149.

年、三年甚至五年期的拨款。有学者建议国防部采用多年期预算，对国防预算进行重组，使其适用多年账目的多年期限，将短期账目责任期限至少延长一年以上。

总之，计划阶段和《计划目标备忘录》是 PPBE 的一个重大转变。计划只有在最后阶段才会有效（如果能有效的话），但《计划目标备忘录》的准备和处理阶段浪费了国防部人员大量宝贵的时间和精力，而这些原本可以发挥更好的作用。而且，在理想状况下，国防部新预算程序中所有账目的责任期都应该允许所有账目的责任期超过两年或三年——包括快速开支账目、操作和维护、军事部门编制内的人员等。制定所有账目多年责任期的原因是为了更有效地执行预算，结束高度浪费和无效的年终"不用则废"综合症。当然，国防预算变革需要国会批准。国防部可以将长期预算（包括资金预算）作为总体改革的一部分来执行，同时国会仍可继续以其倾向的年度预算周期来进行操作（有很多与选民和国会成员利益相关的原因）。除非，国防预算程序能够允许国会继续按照成员面临的激励因素发挥作用，否则联邦预算程序不会发生任何变化。国防预算改革将一年期拨款责任期延长至两年只需要国会修改拨款法的某些条款，否则，国防部可能在获得国会的批准后，根据自己的预算体系执行一种长周期预算——但这不需要修改法律。实际上，国防部有义务说服国会支持国防预算变革，只有国防部向国会成员表明此次改革会有怎样的预算改良，国防预算改革才有可能发生。

参考文献

［1］ Burkhead, Jesse. *Government Budgeting* ［M］. New York：John Wiley and Sons, 1959, pp. 340 – 356.

［2］ McCaffery, J. L. and L. R. Jones. *Budgeting and Financial Management in the Federal Government* ［M］. Greenwich, CT：Information Age Publishers, 2001, P. 69.

［3］ Feltes, L. A. Planning, Programming, and Budgeting：a Search for a Management Philosopher'Stone ［J］. January – February. *Air University Review*. www. airpower. maxwell. af. mil/airchronicles/aureview/1976/jan – feb/feltes. html, 1976.

［4］ Korb, L. Department of Defense Budget Process：1947 – 1977 ［J］. *Public Administration Review* 37/4, 1977, pp. 247 – 264.

［5］ Thompson, F. and L. R. Jones. *Reinventing the Pentagon：How the New Public Management Can Bring Institutional Renewal* ［M］. San Francisco：Jossey – Bass InC Pub, 1994.

［6］ Puritano, V. Streamlining PPBS ［J］. Defense Agust, 1981, pp. 20 – 28.

[7] Wildavsky, Aaron, *The New Politics of the Budgetary Process* [M]. Glenview, IL: Scott, Foresman, 1988.

[8] 杰里·L.麦卡菲, L.R.琼斯著.陈波, 邱一鸣主译. 国防预算与财政管理 [M].北京: 经济科学出版社, 2013: 80.

[9] Jones, L.R., and J.L.McCaffery. Reform of PPBS and Implications for Budget Theory [J]. *Public Budgeting and Finance* 25/3, 2005, pp. 1–19.

[10] Secretary of Defense. *Management Initiative Decision* 913 [R]. Washington, DC: DOD, May 22, 2003.

[11] Potvin Lisa. *Practical Financial Management: a Handbook for the Defense Department Financial Manager /12th edition*. [M/OL]. http://hall.handle.net/10945/43270, 2013.

[12] Dror, Y. Policy Analysts: a New Professional Role in Government Service. [J]. *Public Administration Review* 27/3, 1967, pp. 197–203.

[13] Chwastiak, M. Taming the Untamable: Planning, Programming and Budgeting and the Normalization of War [J]. *Accounting, Organizations, and Society* 26, 2001, pp. 501–519.

[14] Spinney, Franklin C. *Defense Facts of Life: the Plans/Reality Mismatch* [M]. Boulder, CO: Westview, 1985.

[15] Kadish, R., G. Abbott, et al. *Defense Acquisition Performance Assessment Report for the Deputy Secretary of Defense* [R]. http://www.acq.osd.mil/dapaproject/, 2006.

[16] Frank, J. E. A Framework for Analysis of PPB Success and Causality [J]. *Administrative Science Quarterly* 18/4, 1973, pp. 527–543.

[17] L. R. Jones and McCaffery, J. L. *Budgeting, Financial Management and Acquisition Reform in the US. Department of Defense* [M]. Charlotte, NC: Infromation Age Publishing, 2008.

[18] McCaffery, J. L., and P. Godek. Defense Supplementals and the Budget Proces [J]. *Public Budgeting and Finance* 23/2, 2003, pp. 53–72.

[19] Candreva, P. J., and L. R. Jones. Congressional Delegation of Spending Power to the Defense Department in the Post 9–11 Period [J]. *Public Budgeting and Finace* 25/4, 2005, pp. 1–19.

[20] L. R. Jones Philip J. Candreva Marc R. DeVore. *Financing National Defense Policy and Process* [M]. Information Age Publishing, Inc. Charlotte, NC. 2012, 149.

[21] Department of Defense. *Chapter 1.2: Planning, Programming, Budgeting and Execution Process* [R]. The Defense Acquisition Guidebook. 16 Dec 2004.

[22] Department of Defense. *Implementation of a 2 – Year Planning, Programming, Budge-*

ting, and Execution Process [R]. Management Initiative Decision 913, May 22, 2003.

[23] Defense Acquisition University. *Acquisition Community Connection.* [EB/OL]. https://acc.dau.mil/Community.

[24] ACQuipedia. *DAU.* [EB/OL]. https://dap.dau.mil/acquipedia/Pages/ArticleDetails.aspx?aid=10fdf6c0-30ca-43ee-81a8-717156088826: 2017-1-16, 10:21am accessed.

[25] DoD Directive (DoDD) 7045.14 PPBE Process [EB/OL]. http://acqnotes.com/wp-content/uploads/, Jan 25, 2013.

[26] Sullivan, R. E. Jr. *Resource Allocation: The Formal Process* [M]. The U. S. Naval War College, February 1, 2002.

[27] Sullivan, R. E. Jr. *The Department of Defense Planning, Programming, Budgeting and Execution* (PPBE) [M]. The U. S. Naval War College, January, 2004.

国防财政规模与经济发展

侯 娜*

[摘 要] 国家财政将一定数量的经济资源配置到国防用途，配置的国防支出会对经济增长产生什么样的影响是国防经济学研究的核心和热点问题。本文从理论模型和实证分析两个方面对国防财政规模与经济发展进行较为深入的研究，指出研究国防财政规模与经济发展之间的关系应将国防变量整合入主流或经典的经济增长模型（如 Solow 模型），并使用"冷战"之后可靠的数据（如经济数据和国防支出数据）和稳健的计量经济学回归方法进行实证研究。本文发现无论是发展中国家还是发达国家，国防财政规模对经济增长都产生了阻碍作用。降低国防财政规模，获得"和平红利"带来的经济发展的益处并不能一蹴而就。就国际而言，需要全球各国、国际组织和区域组织的共同努力，营造和平与发展的国际环境，使得国防财政规模得以降低；就国内而言，则需要在降低国防财政规模的同时，有效地配置国防资源，并通过军民融合等形式减少资源重新配置形成的转化成本，才能够真正地获得"和平红利"，促进经济发展。

[关键词] 国防财政规模　经济发展　国防支出　和平红利

一、引言

国防财政来源于国家稀缺的资源，国防财政规模一般用国防支出来表示。国

基金项目：北京市习近平新时代中国特色社会主义思想研究中心项目；中央财经大学全球经济与可持续发展研究中心战略安全与国家动员能力建设专项；国家自然科学基金项目（71403308）。

*侯　娜：中央财经大学国防经济与管理研究院副院长，副教授，硕士研究生导师。

家财政将一定数量的经济资源配置到国防用途,配置的国防支出会对经济增长产生什么样的影响是国防经济学研究的核心和热点问题。一些经济学认为配置于国防财政将会挤出对经济发展贡献更大的社会财政支出,如健康与教育的支出,从而阻碍经济发展。而贝努瓦(1978)的研究却发现国防支出对发展中国家的经济增长具有促进作用,引起了之后国防经济学界方兴未艾的激烈争论。国内外的经济学家使用了多种模型来研究国防与经济增长之间的联系,然而关于国防支出对经济增长的作用,却没有定论:国防支出能够促进或阻碍经济增长,也可能对经济增长没有显著的影响。

针对这样的问题,本文将从理论模型和实证分析两个方面对国防财政规模与经济发展进行较为深入的研究。首先,对国防财政规模与经济发展的理论模型,进行梳理和比较分析,并对不同模型相应的实证研究进行总结。其次,在不同的理论模型的基础上,确定研究对象与样本,应用计量经济学的模型与方法,具体给出国防财政规模与经济发展的三个实证研究的实例,进一步探讨了国防财政规模与经济发展的关系。最后,给出结论。

二、国防财政规模与经济发展的研究

自从贝努瓦(1978)的研究首次发现国防支出对44个发展中国家的经济增长有出人意料的积极作用后,经济学家使用了多种模型来研究国防与经济增长之间的联系。总的来说,国防与经济增长关系研究的理论模型及相应的实证研究可以分为以下五类:供给侧模型、需求侧模型、需求和供给混合模型、经济增长模型以及因果关系模型。

(一)供给侧模型

1. 理论模型。建立在新古典主义理论和费德(1983)所提出的出口对经济增长影响的模型的基础上,比斯韦和罗姆(1986)通过分析军事部门和民用部门的总生产函数,来说明军事部门产生的规模效应和外部性。具体而言,规模效应是指如果军事部门相对于民用部门有较高的生产率,那么资源从民用部门转向军事部门就会促进经济增长;外部性则指军事部门的现代化、有利于民用部门的新产品、新技术的发展等对整个经济的积极影响。

基本的两部门模型假设经济由两个部门组成:国防产出(M)和民事产出(C)。劳动(L)和资本(K)是该两部门经济中的投入要素且是同质的。国防产出对民事产出有外部影响。两部门产出函数的形式为:

$$M = M(L_M, K_M, C) = C(L_c, K_c, M) \tag{1}$$

要素禀赋约束可以写为：

$$L = L_M + L_C, \quad K = K_M + K_C \tag{2}$$

总产出（Y）是 M 和 C 的总和：

$$Y = M + C \tag{3}$$

进一步地，M 和 C 部门之间的边际生产率的差异可以表示为：

$$\frac{M_K}{C_K} = \frac{M_L}{C_L} = 1 + \delta \tag{4}$$

其中：带下标的 M 和 C 分别表示 M 和 C 对要素投入 K 和 L 的偏导数。

在该模型中，国防产出通过两个渠道影响总产出。首先，$C_M(\partial C/\partial M)$ 是第一个渠道，这代表国防产出对民事产出的外部效应。其次，第二个渠道是 δ，这代表两部门间相对的要素生产率差异。如果 $\delta > 0$，国防部门的生产率会更高，因此要素投入更有效率的国防部门，总产出因而会增加。

在等式（1）和等式（3）中对时间求偏导，并使用等式（2）和等式（4）中的信息，可以得到如下总产出增长方程：

$$\dot{Y} = \alpha \frac{I}{Y} + \beta \dot{L} + \left(\frac{\delta}{1+\delta} + C_M\right) \dot{M} \frac{M}{Y} \tag{5}$$

$$\beta = C_L \frac{L}{Y}, \quad \alpha = C_K \tag{6}$$

其中：变量上的点表示该变量的增长率（例如，$\dot{Y} = [(dY/dt)/Y]$）。I 代表总投资。

假设外部性参数是 $C_M(M/C)$，且在下式中以 θ 表示：

$$C = M^\theta H(K_c, L_C) \tag{7}$$

那么等式（5）可以改写为：

$$\dot{Y} = \alpha \frac{I}{Y} + \beta \dot{L} + \left(\frac{\delta}{1+\delta} - \theta\right) \dot{M} \frac{M}{Y} + \theta \dot{M} \tag{8}$$

该等式使外部性影响和要素生产率差异影响得以分别确认。

基本的两部门模型可以通过加入更多部门，如出口部门和政府部门进行扩展。但是罗姆（1995）表示在应用类似的多部门模型得到各相关部门分开的外部效应和要素生产率差异时存在很多问题和风险。尽管供给侧模型以新古典主义理论为根据，但该模型还存在一些理论问题：首先，供给侧模型忽略了需求方面因素的影响；其次，它存在基本的解释缺陷，其生产函数假设部门内的组织效率为一个给定的不变水平，而无法解释部门内部的组织低效率。因此假设国防部门和民用部门之间的生产率不同是与其理论基础矛盾的。

2. 实证研究。比斯韦和罗姆（1986）首先运用 Feder 形式的两部门模型来分析国防支出对经济增长的影响。他们认为 Feder 模型基于新古典经济学的生产函数框架，且能够导出如下的传统线性回归方程：

$$\dot{Y} = \beta_1 \frac{I}{Y} + \beta_2 \dot{L} + \beta_3 \dot{M} \frac{M}{Y} + \mu \tag{9}$$

$$\dot{Y} = \beta_1 \frac{I}{Y} + \beta_2 \dot{L} + \beta_3 \dot{M} \frac{M}{Y} + \beta_4 \dot{M} + \mu \tag{10}$$

其中：$\dot{Y}$ 是总产出年增长率，I/Y 是投资—产出率，$\dot{L}$ 和 $\dot{M}$ 分别是劳动力和国防支出年增长率，μ 是误差项。

等式（9）可以估计总效应（外部效应和相对部门要素生产率差别），但是等式（10）可以分别估计这两种效应。比斯韦和罗姆（1986）使用了58个国家的全样本和两个子样本（17个低收入欠发达国家和41个中等收入欠发达国家）在 1960~1970 年和 1970~1977 年的变量平均值。其估计结果显示对于两个子组和两个时期，大多数 $M(M/Y)$ 和 $\dot{M}$ 的估计系数都是不显著的。因此，国防支出对增长没有显著影响，相关部门要素生产率差异在统计上也不显著。由于供给侧模型具有可以使用一个单一方程的模型进行回归的优点，吸引了大量的研究使用其模型来分析国防支出对经济增长的作用。实证研究可以按照研究对象分为多个国家的横截面或面板数据分析（比斯韦和罗姆，1986；明茨和史蒂芬孙，1995；默多克、皮和桑德勒，1997；伊尔德曼姆等，2005；韩景倜、罗春香，2010）和单一国家研究（沃德等，1991；塞兹金，1997；巴特勒等，2000；李双杰和陈渤，2002；刘涛雄和胡鞍钢，2005；里特舒勒和洛宁，2005；连玮佳和李健，2008；孟斌斌和周建设，2011；张五六，2012）。就实证研究结果而言，尽管使用了不同的样本、不同的时期和不同的估计技术，结果大多显示国防支出对经济增长没有显著影响或国防支出对经济增长有积极的影响。

值得注意的是，对供给侧模型的实证检验中也有一些内在的问题：首先，回归模型中劳动要素以劳动力的增长率作为变量，而资本要素却以投资所占GDP的份额作为变量。对于两种要素的分析是不应该不对称的。其次，如果国防支出的比重不变，产出的改变将决定国防支出的变动或增长。那么如果等式右边包含国防支出增长率，则会产生严重的同时性偏误。再次，回归方程中的变量之间可能存在高度的多重共线性。这会使对外部性或要素生产率差异参数的估计不够准确。最后，这是一个静态模型，没有考虑到滞后的自变量。这会导致时间序列分析的调整缓慢，并会在横截面中忽略掉重要的变量（如初始收入）。因此，邓恩等（2005）认为有足够的理论和计量原因不使用供给侧模型。

（二）需求侧模型

1. 理论模型。需求侧模型以凯恩斯理论为基础研究国防支出对经济增长的影响。国防支出影响经济的渠道有两个：一是积极的乘数效应。初期的研究主要关注凯恩斯的有效需求理论，并指出与所有具有乘数效应的公共支出一样，国防支出在总需求不足的时候会刺激经济增长。这一观点也被称为"军事凯恩斯主义"（莫斯利，1995）。二是消极的挤出效应。第二次世界大战之后，学者更多地关注国防开支对公共和私人投资的挤出效应，从而对经济增长产生负向的影响。

需求模型基于凯恩斯理论，该理论把军事支出看作总需求的一部分。国民核算恒等式中指出了该需求侧模型可以表示为：

$$Y = Q - W = C + I + M + B \tag{11}$$

其中：Y是实际产出，Q是潜在产出，W是实际产出和潜在产出之间的产出缺口，C是总消费，I是投资（包括公共部门投资和私人部门投资），M是实际军事支出，B是贸易盈余。

如果将各变量以占潜在产出的比重表示，等式（11）又可以写为：

$$i = 1 - w - c - m - b \tag{12}$$

史密斯（1980）提出消费占潜在产出的比重可以表示为：

$$c = \alpha_0 - \alpha_1 u - \alpha_2 g \tag{13}$$

其中：u 是失业率，g 是实际产出增长率。

u 和 g 的增加会使消费占潜在产出的比重下降。因此：

$$i = (1 - \alpha_0) + \alpha_1 u + \alpha_2 g - m - (w + b) \qquad (14)$$

$(w+b)$ 反映了国内需求和潜在供给二者间的平衡，假设 $(w+b)$ 与 u 即失业率相关，$(w+b)$ 可以表示为：

$$(w + b) = \beta u \qquad (15)$$

因此：

$$i = (1 - \alpha_0) - (\beta - \alpha_1)u + \alpha_2 g - m \qquad (16)$$

等式（16）可以检验挤出效应的可能性。军事负担倾向于对投资有负面影响，由此产生的对投资的挤出效应会对经济增长有负影响。

2. 实证研究。史密斯（1980）的模型分析了国防支出对投资的挤出效应，并指出投资是失业率、总产出增长率和国防支出的函数。此后，大量的研究应用其模型来研究挤出效应，如德格（1986b）、歌尔德（1997）、斯科特（2001）、马利泽德（2013）。这些研究的结果显示，国防支出倾向于对投资有负面影响，由此产生的对投资的挤出效应会对经济增长有负影响。

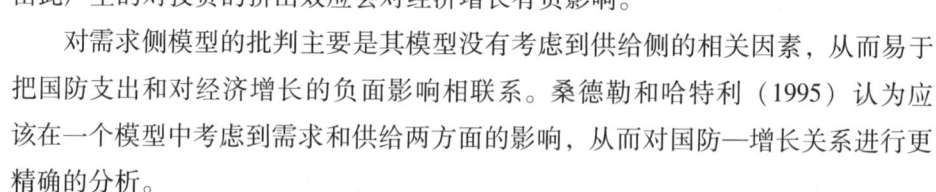

对需求侧模型的批判主要是其模型没有考虑到供给侧的相关因素，从而易于把国防支出和对经济增长的负面影响相联系。桑德勒和哈特利（1995）认为应该在一个模型中考虑到需求和供给两方面的影响，从而对国防—增长关系进行更精确的分析。

（三）需求和供给混合模型

1. 理论模型。德格和史密斯（1983）、德格和森（1983，1995），以及德格（1986a，1986b）设立了联立方程模型（SEM）以试图同时捕捉到由于凯恩斯需求刺激造成的正向直接影响及由于储蓄或投资减少造成的负向间接影响。需求和供给混合模型考虑到以下几点：一是军事支出通过溢出效应对增长产生的直接影响（现代化和资源动员）；二是通过储蓄率造成的间接影响；三是直接明确地将开放经济事宜加入模型；四是国防支出的内生性。

例如，德格和森（1995）的模型由四个方程组成，包括增长方程、储蓄方程、贸易盈余方程和国防方程。这个四个方程的 SEM 如下所示：

$$\begin{aligned} g &= a_0 + a_1 s + a_2 m + a_3 B + a_4 Z_1 \\ s &= b_0 + b_1 m + b_2 g + b_3 B + b_4 Z_2 \\ B &= c_0 + c_1 m + c_2 g + c_3 Z_3 \\ m &= d_0 + d_1 Z_4 \end{aligned} \quad (17)$$

其中：g 是 GDP 增长率，s 是储蓄率，m 是军事支出占 GDP 比重，B 是贸易盈余占 GDP 比重，Z_i 是一系列通过具体设定选中的外生变量，(a_i, b_i, c_i, d_i) 是一系列参数。

因此，SEM 可以检验增长、储蓄、贸易和军事支出的互相影响。军事对民事增长的直接派生影响倾向于正面。然而，军事负担对储蓄和贸易盈余的影响倾向于负面。当将直接和间接影响一起考虑从而检验军事负担对经济增长的影响时，可以得到：

$$\frac{dg}{dm} = \frac{a_2 + a_1(b_1 + b_3 c_1) + a_3 c_1}{1 - (a_1 b_2 + a_1 b_3 c_2 + a_3 c_2)} \quad (18)$$

2. 实证研究。正是因为需求与供给混合模型考虑到需求和供给两方面的影响，在分析国防—增长的研究中被广泛地使用。例如，德格和森（1983）、德格和史密斯（1983）、德格（1986a，1986b）、加尔维（2003）等横截面分析的实证结果都显示国防支出对经济增长的净效应是负的。另外一些研究关注于某一个国家的案例研究，如邓恩等（2000）、塞兹金（2001）、拉莫斯（2004）、凯尔文（2004）。单一国家的研究可以分析增长、储蓄、贸易和军事的具体情况，从而可能得到国防支出对经济增长的净效应或正或负的不同结果。

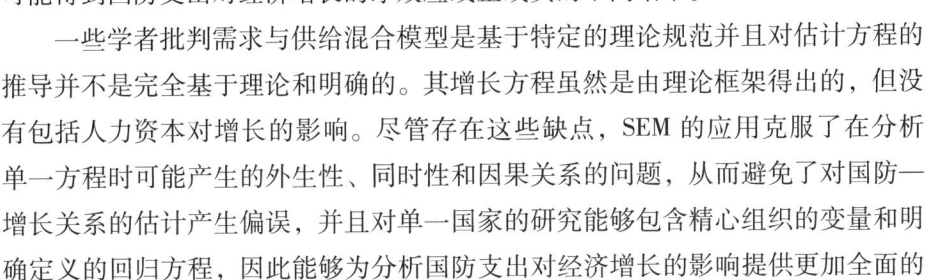

一些学者批判需求与供给混合模型是基于特定的理论规范并且对估计方程的推导并不是完全基于理论和明确的。其增长方程虽然是由理论框架得出的，但没有包括人力资本对增长的影响。尽管存在这些缺点，SEM 的应用克服了在分析单一方程时可能产生的外生性、同时性和因果关系的问题，从而避免了对国防—增长关系的估计产生偏误，并且对单一国家的研究能够包含精心组织的变量和明确定义的回归方程，因此能够为分析国防支出对经济增长的影响提供更加全面的分析。

（四）经济增长模型（扩展的 Solow 经济增长模型）

1. 理论模型。曼昆、罗默和维尔（1992，以下简称 MRW）将人力资本加入了 Solow（1956）的新古典增长模型。相关生产函数为：

$$Y(t) = K(t)^\alpha H(t)^\beta [A(t)L(t)]^{1-\alpha-\beta} \quad 0 < \alpha + \beta < 1 \quad (19)$$

其中：$Y(t)$ 是收入，K 是物质资本，L 是劳动，α 和 β 分别是物质资本和人力资本的收入弹性。$A(t)$ $L(t)$ 是劳动的有效单位数，该数以 $n+g$ 的外生增长率增长。

令 $y = Y/AL$，$k = K/AL$，$h = H/AL$，即每有效单位劳动的数量。s_k 和 s_h 分别是投资于物质资本和人力资本的收入部分。转换方程如下：

$$\begin{aligned}\dot{k}(t) &= s_k y(t) - (n + g + \delta) k(t) \\ \dot{h}(t) &= s_h y(t) - (n + g + \delta) h(t)\end{aligned} \quad (20)$$

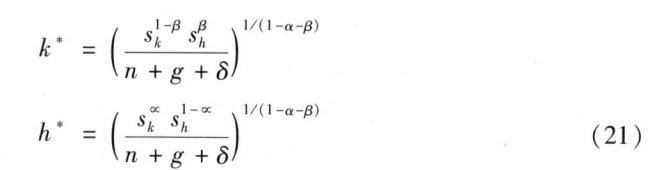

该生产函数和转换方程都遵循标准的新古典假设，如规模报酬不变、单个变量的边际生产率递减、满足稻田（Inada）条件、物力资本与人力资本折旧率相同均为 δ。当经济处于稳态时，$\dot{k} = \dot{h} = 0$，k^* 和 h^* 的稳态值为：

$$\begin{aligned}k^* &= \left(\frac{s_k^{1-\beta} s_h^\beta}{n + g + \delta}\right)^{1/(1-\alpha-\beta)} \\ h^* &= \left(\frac{s_k^\alpha s_h^{1-\alpha}}{n + g + \delta}\right)^{1/(1-\alpha-\beta)}\end{aligned} \quad (21)$$

Solow 模型给出了趋向于稳态的收敛速度：

$$\frac{\mathrm{d}\ln(y(t))}{\mathrm{d}t} = \lambda [\ln(y^*) - \ln(y(t))] \quad (22)$$

其中：

$$\lambda = (n + g + \delta)(1 - \alpha - \beta) \quad (23)$$

结合 k^* 和 h^* 的值及稳态时的转换方程和生产函数，可以得到稳态时人均收入长期增长率的代表式：

$$\begin{aligned}\ln(y(t)) - \ln(y(0)) = &(1 - e^{-\lambda t})\frac{\alpha}{1 - \alpha - \beta}\ln(s_k) + (1 - e^{-\lambda t})\frac{\beta}{1 - \alpha - \beta}\ln(s_h) \\ &- (1 - e^{-\lambda t})\frac{\alpha + \beta}{1 - \alpha - \beta}\ln(n + g + \delta) - (1 - e^{-\lambda t})\ln(y(0))\end{aligned}$$

$$(24)$$

因此，在扩展的 Solow 模型中，收入的增长取决于收入的初始水平和最终稳态的决定要素。

索特等（1996）进一步扩展了 Solow 增长模型，在模型中加入了国防支出对经济增长的影响，得到的理论模型可以表示为：

$$growth = a_0 + a_1 \ln y_0 + a_2 \ln k + a_3 \ln h \\ + a_4 \ln(n + g + \delta) + a_5 \ln m \qquad (25)$$

其中：$growth$ 是样本观察期内的人均收入增长率，y_0 是人均收入的初始水平，k 和 h 分别是投资和人力资本的替代变量，$n + g + \delta$ 是有效劳动增长率减去折旧，m 是国防负担，即国防支出占 GDP 的比重。

2. 实证研究。近年来，越来越多的学者开始运用于一般增长文献中的 Solow 模型、扩展的 Solow 增长模型等来研究国防—增长关系。如奈特等（1996）研究的实证结果显示作为解释变量的国防支出对经济增长有显著的负效应。此外，比较包含国防支出和不包含国防支出的估计结果，其发现：加入国防支出减少了增长方程中有形资本、人力资本和贸易限制的估计系数的绝对值。因此，国防支出挤出了两种类型的投资并增加了贸易限制的强度。此后，雅科夫利夫（2007）、侯和陈（2013）都应用 Solow 增长模型或扩展的 Solow 增长模型研究国防支出与经济增长的关系，结果都显示出国防支出对经济增长有着显著的负向影响。王万珺和陈晓和（2011）的研究在 Solow 模型的基础上，考量了国防支出与经济增长的非线性关系。

经济增长模型也有着其固有的缺陷：如 Solow 模型或扩展的 Solow 模型中决定经济增长的变量的范围过窄且对系数的大小有一定的限制。然而，相比上面陈述的且只在国防经济学中使用的供给侧、需求侧和需求供给混合模型而言，在经济增长理论中被广泛使用的模型，如 Solow 或扩展的 Solow 模型中加入国防支出变量，来分析国防支出与经济增长的关系，一方面可以融汇经济增长理论丰富的成果，更科学地分析国防—增长的关系；另一方面也可以与增长模型中的其他变量进行比较，从而确定国防支出对经济增长作用的相对规模。

（五）因果关系模型

国防支出和经济增长能够相互影响。因此，需要进行因果分析实证确定国防支出和经济增长的因果关系的存在与方向（桑德勒和哈特利，1995）。国防和增长有四种不同类型的因果关系：（1）国防支出到经济增长有单向的因果关系，这意味着国防影响经济增长；（2）经济增长到国防支出有单向因果关系，这意味着更高的经济增长或高水平的收入能够决定国防支出；（3）国防支出和经济增长间有双向因果关系；（4）没有因果关系。

在横截面研究和单个国家研究中广泛地讨论了这些因果关系。如乔杜里（1991）、库西（1994）、达库拉等（2001）、李和陈（2007）利用横截面或面板数据研究了多个国家国防支出与经济增长的因果关系；而科利亚斯等（2004），赖等（2005），卡拉吉安米和彭佩佐格鲁（2009），牛晓健、陶川和钱科（2009），黄栋、童光荣和张怀强（2010）关注单个国家的情况。

可见，学者运用不同的方法研究了不同国家、不同时期国防和增长的因果关系，然而国防和增长的因果关系不能一概而论。因此尽管格兰杰和其他相关因果检验是探究国防—增长关系的存在及方向的被广泛使用，但是仍有一些值得注意的问题。类似的因果检验对包括样本期间、观察值数量、数据频率、滞后期选择、样本期间结构变化、变量的平稳性、变量的协整在内的多种因素十分敏感。并且，格兰杰因果关系并不能代表经济因果关系。

总的来说，供给侧模型揭示出国防支出对经济增长没有显著影响或者有（相对较小的）正面影响。与之相反，需求方面的模型则显示国防支出对经济增长有负面影响。在大多数研究中，需求供给混合模型倾向于显示出国防支出对经济增长的净影响为负。格兰杰和其他相关因果检验的结果容易受到计量方法中多种因素的影响，并且其因果关系并不能代表经济因果关系。正如邓恩等（2005）反驳说国防文献中广泛运用的增长模型并不是增长研究中的主流模型。学者应该在国防—增长关系研究中整合利用流行的增长模型——如广泛运用于一般增长文献的模型，如 Solow 模型和扩展的 Solow 增长模型。

三、 国防财政规模与经济发展的实证分析

一般而言，用以度量国防财政规模的国防支出通过需求、供给和安全三个渠道来影响经济。在需求方面，国防支出可以在有剩余产能的情况下，通过增加总需求和资源利用以及减少失业对经济产生凯恩斯乘数效应，促进经济增长。同时，国防支出也具有机会成本，挤出物质资本和人力资本投资。在供给方面，使用在国防部门的生产要素减少了民用部门的生产要素供给，从而对经济产生负向的作用。另外，国防部门也可以通过外部性（如军事训练和技术外溢）对经济产生正向的作用。在安全方面，国防支出通过增加安全——激励资本积累和创新

的必要条件，刺激经济增长。因此，国防财政规模通过不同的渠道对经济发展有着或促进或阻碍的作用，而通过具体的实证研究，才能够进一步确定对研究对象和样本而言，其国防财政规模对经济发展（增长）的实际作用。下面首先使用需求侧模型，即国防财政规模对经济增长的单一渠道来分析国防财政规模对投资的挤出效应；其次，使用扩展的 Solow 增长模型分别针对发展中国家和以 OECD 国家为代表的发达国家，分析国防财政规模对经济增长的影响。

（一）需求侧模型实证分析

史密斯（1980）的研究分析了 1954~1973 年，14 个 OECD 国家的国防财政规模对投资的影响，实证结果指出其国防财政规模对投资有明显的挤出效应。"冷战"后，大多 OECD 国家削减了国防财政规模，从而经济学家指出此削减将降低国防财政规模对投资的影响而有利于经济发展。因此，下面的实证研究将使用最新的数据，检验 OECD 国家国防财政规模与投资之间的关系①。

实证分析的模型如下所示：

$$i_t = \beta_0 + \beta_1 u_t + \beta_2 g_t + \beta_3 m_t + \varepsilon \tag{26}$$

其中：$t = 1, \cdots, T$，i 为投资占 GDP 的比重，u 为失业率，g 为 GDP 的增长率，m 为国防财政规模，ε 代表误差项。

本文使用了 1971~2012 年，13 个 OECD 国家的数据，其中投资、GDP 增长率和失业率的数据来自 OECD 数据库。国防财政规模以国防支出占 GDP 的比重来衡量（国防负担），数据来自瑞典斯德哥尔摩国际和平研究所（SIPRI）年鉴和其在线数据库。表 1 给出了变量的名称、描述和来源。

表 1　　　　　　　变量的名称、描述和来源

名称	描述	来源
i	总私人非居住固定资本形成占 GDP 的比重	OECD 数据库
g	GDP 年度增长率	OECD 数据库
u	失业率	OECD 数据库
m	国防支出占 GDP 的比重	瑞典斯德哥尔摩国际和平研究所

---

① Na Hou and Bo Chen. Military Expenditure and Investment in OECD Countries: Revisited [J]. *Peace Economics, Peace Science and Public Policy*, 2014, 20 (4), pp. 621–630.

实证分析使用包括横截面数据、时间序列数据和面板数据的计量方法进行回归，以期获得稳健的回归结果。对横截面和时间序列回归，将使用最小二乘法（OLS），而对面板数据，将使用混合最小二乘法（PLS）、单向和双向固定效应模型（FEM）以及随机效应模型。为了比较"冷战"前后国防财政规模对私人投资的效果，样本按时间分为"冷战"期间（1971~1989年）和"冷战"后期间（1990~2012年）。表2给出了横截面数据估计的结果。结果显示在整个时间段和"冷战"期间与"冷战"后两个子时间段，国防负担均对私人投资产生了负向和显著的影响，并且由于OECD国家"冷战"后削减了国防财政规模，负向的影响在此期间变小了。

表2　　　　　　　　　横截面数据估计结果

变量	1971~2012年	1971~1989年	1990~2012年
c	16.09 *** (0.71)	14.65 *** (3.00)	17.91 *** (0.49)
g	−0.07 (0.07)	0.06 (0.11)	−0.07 (0.06)
u	−0.12 * (0.06)	0.12 (0.03)	−0.49 *** (0.10)
m	−1.89 *** (−0.19)	−1.92 * (0.97)	−1.56 *** (0.43)

注：小括号中的数值为标准差；显著性水平：*** 为1%，* 为10%。

表3给出了时间序列估计的结果。对于整个时间段，有11个OECD国家的时间序列回归结果显示出了国防财政规模对私人投资的挤出效应。在1971~1989年，7个OECD国家的回归结果显示出国防财政规模对私人投资的负向且显著的影响，而1990~2012年，存在负向且显著的影响的国家数为6个。

表4则给出了面板数据估计的结果。对于1971~2012年整个时间段，国防负担对私人投资的影响是负向和显著的（除了双向固定效应估计外）。对于两个子时间段，所有的估计方法都显示出了国防负担对私人投资的挤出效应。通过比较"冷战"期间和"冷战"后的挤出效应，结果显示"冷战"后的挤出效应明

表3 时间序列估计结果

国家	1971~2012年 c	1971~2012年 g	1971~2012年 u	1971~2012年 m	1971~1989年 c	1971~1989年 g	1971~1989年 u	1971~1989年 m	1990~2012年 c	1990~2012年 g	1990~2012年 u	1990~2012年 m
澳大利亚	28.84***	0.02	-0.51***	-6.23***	11.94***	0.07	0.29	0.165*	31.54**	-0.08	-1.12**	-5.31
比利时	15.79***	0.02	-0.08	-1.89***	21.43***	-0.01	0.02	-3.94***	18.37***	0.02	-0.56***	-0.91
加拿大	16.31***	-0.23***	0.18	-4.82***	10.91***	-0.13	0.47**	-3.49	17.65	-0.07	-0.75***	-0.51
丹麦	20.43***	-0.03	0.21***	-6.11***	25.16***	-0.14	0.42**	-8.53***	16.82***	-0.09	-0.57***	-0.81
芬兰	14.62***	-0.01	-0.35***	-0.19	16.74***	-0.14	-0.61***	-0.42	13.82***	-0.01	-0.28***	-0.23
法国	16.26***	0.02	-0.20***	-1.56***	15.58***	0.09	-0.13***	-1.55**	18.10***	-0.02	-0.45***	-1.36***
日本	25.29***	-0.03	0.79***	-15.60***	22.42***	0.04	1.99*	-15.98***	18.31***	0.07	-0.63*	-2.17
荷兰	11.39***	0.21***	-0.11***	-0.70***	12.85***	0.17*	-0.08	-1.17	11.52***	0.24***	-0.48***	0.19
新西兰	18.52***	0.13	0.08	-5.31***	6.65***	0.16**	0.23**	0.86	20.71	-0.02	-0.61***	-3.16***
挪威	16.51***	0.12	-1.69***	0.62	19.27***	0.37	-1.17*	-0.89	16.69***	-0.06	-1.10**	-0.45
瑞典	15.52***	0.08	-0.16***	-2.08***	15.29***	0.12	-0.74	-1.50**	15.72***	0.10	-0.23***	-1.89***
英国	10.29***	0.05	-0.03	-0.39***	14.38***	0.01	0.01	-1.29***	8.85***	0.09	-0.36***	0.93**
美国	15.97***	-0.09	0.05	-1.23***	8.56***	0.01	0.10	-0.13	18.17***	-0.26	0.11	-1.74

注：显著性水平：*** 为1%，** 为5%，* 为10%。

表 4　面板数据估计结果

变量	1971~2012 年			1971~1989 年				1990~2012 年			
	PLS	FEM1	FEM2	REM	PLS	FEM1	FEM2	REM	PLS	FEM1	FEM2	REM
c	13.63*** (0.30)	14.62*** (0.38)	11.55*** (0.49)	13.82*** (0.48)	11.23*** (0.48)	12.68*** (0.90)	12.09*** (0.96)	11.65*** (0.84)	15.25*** (0.33)	16.20*** (0.40)	13.99*** (0.55)	15.49*** (0.57)
g	0.04 (0.04)	0.02 (0.04)	0.18*** (0.05)	0.06 (0.04)	0.21*** (0.07)	0.09 (0.04)**	0.12*** (0.05)	0.12*** (0.04)	0.02 (0.04)	0.01 (0.03)	0.11** (0.05)	0.04 (0.04)
u	-0.19*** (0.03)	-0.12*** (0.03)	-0.33*** (0.05)	-0.15*** (0.04)	-0.25*** (0.06)	0.06 (0.04)	-0.08 (0.06)	-0.03 (0.05)	-0.34*** (0.04)	-0.46*** (0.04)	-0.41*** (0.05)	-0.44*** (0.04)
m	-0.81*** (-0.08)	-1.38*** (0.12)	0.25 (0.20)	-1.00*** (0.12)	-0.30** (0.12)	-1.20*** (0.29)	-0.79** (0.31)	-0.72*** (0.23)	-0.81*** (0.11)	-0.85*** (0.21)	-0.01 (0.27)	-0.62*** (0.21)

注：(1) 小括号中的数值为标准差。
(2) PLS 代表混合最小二乘法，FEM1 代表单向固定效应模型，FEM2 代表双向固定效应模型，而 REM 代表随机效应模型。
(3) 显著性水平：*** 为 1%，** 为 5%。

显小于"冷战"期间（除了PLS估计外）。因此，可以得出"冷战"后OECD国家国防财政规模的削减，减轻了其对私人投资的不利影响。

总之，通过使用史密斯（1980）的需求侧模型，本文对13个OECD国家1971~2012年国防财政规模对私人投资的挤出效应进行分析。横截面数据和面板数据的实证分析结果均显示国防财政规模对私人投资有负向和显著的影响并且在"冷战"后期间，挤出效应变小。时间序列估计的结果指出13个OECD国家中，11个国家证实了挤出效应的存在。

（二）发展中国家的国防财政规模与经济增长

"冷战"结束以后，大多发达国家显著地降低了国防财政规模而发展中国家的情况恰恰相反。针对这一现象，本文选取了35个发展中国家，研究1975~2009年，其国防财政规模与经济增长之间的关系。本文的实证分析在扩展的Solow经济增长模型中加入国防变量，来挖掘国防财政规模与经济增长的关系，并使用包括横截面数据和面板数据的不同计量回归方法进行多个实证检验[①]。

标准横截面回归的方程如下所示：

$$gr_i = \eta + (\alpha - 1)\ln y_{0i} + \beta_1 \ln k_i + \beta_2 \ln h_i \\ + \beta_3 \ln(n_i + g + \delta) + \beta_4 \ln m_i + \varepsilon_i \tag{27}$$

其中：$i = 1, \cdots, 35$ 代表不同的国家，gr_i 是2009年与1975年之间人均GDP的差异，$\ln y_{0i}$ 是国家 i 期初的人均GDP水平，k 和 h 分别是投资和人力资本变量，$(n + g + \delta)$ 是有效劳动增长率减去折旧，m 是国防财政规模，即国防支出占GDP的比重。ln代表变量的取对数值。

面板数据回归的方程则是：

$$\ln y_{it} = \eta_i + \gamma_t + \alpha \ln y_{i,t-1} + \beta_1 \ln k_{it} + \beta_2 \ln h_{it} \\ + \beta_3 \ln(n_{it} + g + \delta) + \beta_4 \ln m_{it} + \varepsilon_{it} \tag{28}$$

其中：$i = 1, \cdots, N$ 和 $t = 2, \cdots, T$，i 和 t 分别代表不同的国家和时间，y 是人均GDP。η_i 和 γ_t 分别代表不随时间变化但个体间不同的个体固定效应和个体间相同但随时间变化的时间固定效应。ε_{it} 代表误差项。

[①] Na Hou, Bo Chen. Military Expenditure and Economic Growth in Developing Countries: Evidence from System GMM Estimates [J]. *Defence and Peace Economics*, 2013, 24 (3), pp. 183 – 193.

国防支出占 GDP 的比重数据来自瑞典斯德哥尔摩国际和平研究所的国防支出数据库。① 经济变量，包括真实人均 GDP（y），固定资产形成总额占 GDP 的比重（k）和人口增长率（n）来自佩恩世界表（Penn World Table）②。由于很难获得劳动力增长率的可靠数据，本文使用人口增长率。人力资本（h）来自 Barro 和 Lee（2010）的 25 岁以上人口受教育总年数。③ （$g+d$）延续 Mankiw 等（1992）取值 0.05。其中，面板数据包括 7 个五年时间段数据（1975~1979 年、1980~1984 年、1985~1989 年、1990~1994 年、1995~1999 年、2000~2004 年以及 2005~2009 年）。变量的名称、描述和来源如表 5 所示。

表 5　　　　　　　　　　变量的名称、描述和来源

变量	描述	来源
$\ln y$	真实人均 GDP 的对数值（Laspeyres）	PWT7.0
$\ln lagy$	$\ln y$ 的滞后值	
gr	7 个五年时间段 $\ln y$ 期初与期末的差异	
$\ln k$	投资占 GDP 比重的五年平均值	PWT7.0
$\ln ngd$	人口增长率的五年平均值加上 0.05	PWT7.0
$\ln h$	25 岁以上总人口在校平均年数	Barro – Lee，2010
m	国防支出占 GDP 比重的五年平均值	SIPRI

表 6 给出了横截面数据即长期回归的结果。本文的实证分析首先使用最小二乘法（怀特异方差一致的标准差和方差）对扩展的 Solow 增长模型进行回归。期初真实人均 GDP 的估计系数显著为负，说明了期初贫穷的国家的增长率快于相对富裕的国家，即存在增长的收敛效应，并且收敛率约为每年 1%。人口增长负向且显著影响经济增长，人力资本变量则正向且显著影响经济增长而物质资本对经济增长的影响不显著。国防财政规模变量对经济增长的影响为负但是不显著。

---

① 瑞典斯德哥尔摩国际和平研究所的国防支出数据库 1988 年之后的数据可从 http://www.sipri.org/research/armaments/milex/milex_database 获得，1988 年之前的数据来自 SIPRI 年鉴（不同年份）。

② *Penn World Table* 7.0, Centre for International Comparisons of Production, Income and Prices (CIC), University of Pennsylvania. Retrieved from http://pwt.econ.upenn.edu/php_site/pwt_index.php.

③ Barro, R. J. and Lee J. W. *A New Data Set of Educational Attainment in the World*, 1950 – 2010, NBER Working Paper No. 15902, 2010.

表6　　　　　　　　　横截面数据（长期）回归结果

变量	系数	标准差	T统计值	P值
截距项	2.495**	1.134	2.200	0.036
ln$Y$75	-0.303***	0.093	-3.242	0.003
ln$k$	0.066	0.283	0.233	0.817
lnngd	-0.594**	0.217	-2.740	0.010
ln$h$	0.324*	0.167	1.935	0.063
ln$m$	-0.010	0.154	-0.062	0.951
R^2	0.367	F统计值	0.016	

注：（1）ln$Y$75是期初即1975年的真实人均GDP的对数值。
（2）显著性水平：*** 为1%，** 为5%，* 为10%。

面板数据回归模型包括最小二乘法（OLS）、固定效应模型（FEM）、可行一般最小二乘法（FGLS）、一阶差分广义矩阵估计法（DIF-GMM）与系统广义矩阵估计法（SYS-GMM）。使用计量检验软件Stata10回归的结果在表7中给出。表7中，前二列至第四列分别给出了最小二乘法、固定效应模型和可行一般最小二乘法的结果，第五列给出了使用一阶差分广义矩阵估计法的结果，最后一列则给出了使用系统广义矩阵估计法的回归结果。一阶差分广义矩阵估计法与系统广义矩阵估计法均采用了两步法的估计并采用了Windmeijer（2005）的有限样本校正的标准差。时间固定效应在上述估计中都联合显著，为节省空间而不对其系数做出报告。

表7　　　　　　面板数据估计结果：扩展的Solow增长模型

变量	OLS	FEM	FGLS	DIF-GMM	SYS-GMM
ln$lagy$	-0.027** (-0.012)	-0.379*** (0.044)	-0.042*** (0.008)	-0.287 (0.224)	-0.058*** (0.036)
ln$k$	0.039** (0.019)	0.124*** (0.031)	0.037** (0.018)	0.093 (0.060)	0.154** (0.075)
lnngd	-0.068*** (0.019)	-0.027 (0.027)	-0.060*** (0.015)	-0.009 (0.056)	-0.024 (0.052)

续表

变量	OLS	FEM	FGLS	DIF – GMM	SYS – GMM
ln$h$	0.016 (0.020)	-0.179*** (0.058)	0.022 (0.017)	-0.043 (0.202)	0.104 (0.077)
ln$m$	-0.019 (0.012)	-0.003 (0.019)	-0.024*** (0.009)	-0.091 (0.069)	-0.090* (0.047)
截距项	0.173* (0.105)	3.067*** (0.371)	0.327*** (0.084)		
工具变量				75	39
Hansen J 检验				[1.000]	[0.545]
Diff – in – Hansen 检验					[0.559]
AR（1）				[0.021]	[0.000]
AR（2）				[0.434]	[0.369]

注：（1）因变量是 gr，五年时间段 ln$y$ 期初与期末的差异。
（2）回归包括了所有的时间效应变量，为节省空间未显示。
（3）小括号中的数值为标准差，中括号中的数值为 p 统计值。
（4）DIF – GMM 代表一阶差分广义矩阵估计法，SYS – GMM 代表系统广义矩阵估计法。使用 Stata 中的 xtabond2 进行回归（Roobman，2009a）。
（5）DIF – GMM 中使用 $\ln y_{it}$，$\ln k_{it}$，$\ln h_{it}$，$\ln(n_{it}+n+\delta)$ 和 $\ln m_{it}$ 的两期及更多期的滞后值作为工具变量。SYS – GMM 中则沿袭 Roodman（2009b），使用了三期滞后值为工具变量。
（6）显著性水平：*** 为1%，** 为5%，* 为10%。

面板数据最小二乘法的回归结果显示，对于 ln$lagy$、ln$k$ 和 lnngd 的估计系数都得到了预期的符号和显著性，而 ln$h$ 的估计系数为正但不显著，ln$m$ 的估计系数为负但也不显著。固定效应模型的回归结果指出期初真实人均 GDP 的估计系数显著为负，物质资本变量则正向且显著影响经济增长。人力资本变量显著影响经济增长却与预期不符是负向的。国防支出对经济增长的影响不显著。双向固定效应的可行一般最小二乘法估计考量了面板数据一阶自回归和异方差的问题，其结果在第四列给出。除了人力资本以外，所有变量的估计系数都显著且与预期符号一致。国防财政规模负向且显著影响经济增长。使用一阶差分广义矩阵估计法的结果在第五列中给出：首先，Arellano – Bond 检验指出不存在二阶序列自相关并且 Hansen$J$ 检验指出工具变量的有效性。其次，只有期初真实人均 GDP 的估

计系数显著为负，其他变量的估计系数均不显著，因此一阶差分广义矩阵估计法可能表现不佳。最后一列给出了系统广义矩阵估计法的结果。物质资本变量正向且显著影响经济增长而人口增长率和人力资本变量并不是经济增长的显著影响因素。国防财政规模则显著地阻碍经济增长。

总之，在使用了稳健的面板估计方法，即系统广义矩阵估计法时，期初真实人均 GDP 的估计系数显著为负，意味着存在"收敛效应"，并且收敛率约为每年 1%，这与 MRW 的结果以及本文长期收敛率相似。通过比较不同的面板估计方法和估计结果，可以得出本文使用的系统广义矩阵估计法能够给出合理且兼容的实证结果。在 1975~2009 年，35 个发展中国家的国防财政规模显著地负向影响经济增长。这意味着在控制了物质投资、人口增长和人力资本投资变量之后，其国防财政规模显著阻碍了经济增长。

（三）发达国家的国防财政规模与经济增长

相较于发展中国家，发达国家的国防与增长关系的研究有限。本文以 21 个 OECD 国家为研究对象，使用 1960~2009 年的数据探讨其国防财政规模对经济增长的影响，并使用国防负担来衡量一国的国防财政规模[①]。21 个 OECD 国家平均国防支出在 20 世纪 60 年代为 3.55%，70 年代下降至 3.06%。在 80 年代稍微下降，平均值为 2.91%。"冷战"后，21 个 OECD 国家的平均国防负担显著下降，90 年代其平均值为 2.15%，而 21 世纪第一个十年则仅为 1.72%。整个期间，国防负担最高值为美国的 5.74%，而最低值为日本的 0.94%。大多数 OECD 国家在"冷战"结束后，削减了国防财政规模。近年来，英国、加拿大和芬兰小幅增加了其国防负担，而美国在 2001 年之后，国防负担骤增，从 3.4% 增至 4.8%。

对 21 个 OECD 国家国防财政规模对经济增长影响的实证研究，亦在扩展的 Solow 增长模型框架下，应用包括最小二乘法（OLS）、固定效应模型（FEM）、可行一般最小二乘法（FGLS）、一阶差分广义矩阵估计法（DIF - GMM）与系统广义矩阵估计法（SYS - GMM）的面板数据方法进行回归。国防支出占 GDP 的比重数据来自瑞典斯德哥尔摩国际和平研究所的国防支出数据库。经济变量，包

[①] Na Hou and Bo Chen. Military Spending and Economic Growth in an Augmented Solow Model: A Panel DataInvestigation for OECD Countries [J]. *Peace Economics, Peace Science and Public Policy*, 2014, 20 (3), pp. 395 - 409.

括真实人均 GDP（y），固定资产形成总额占 GDP 的比重（k）和人口增长率（n）。人力资本（h）来自 Barro 和 Lee（2010）的 25 岁以上人口受教育总年数。（$g+d$）延续 Mankiw 等（1992）取值 0.05。其中，面板数据包括 10 个五年时间段数据（1960~1964 年，1965~1969 年，1970~1974 年，1975~1979 年，1980~1984 年，1985~1989 年，1990~1994 年，1995~1999 年，2000~2004 年以及 2005~2009 年）。

回归结果在表 8 中给出：第二至第四列分别给出了最小二乘法、固定效应模型和可行一般最小二乘法的结果，第五列给出了使用一阶差分广义矩阵估计法的结果，最后一列则给出了使用系统广义矩阵估计法的回归结果。一阶差分与系统广义矩阵估计法均采用了两步法的估计并采用了 Windmeijer（2005）的有限样本校正的标准差。时间固定效应在上述估计中都联合显著，为节省空间而不对其系数做出报告。

表 8　21 个 OECD 国家 1960~2009 年的面板数据估计结果

变量	OLS	FEM	FGLS	DIF－GMM	SYS－GMM
$\ln lagy$	-0.129*** (0.016)	-0.233*** (0.032)	-0.074*** (0.017)	-0.203*** (0.226)	-0.079*** (0.027)
$\ln k$	0.097*** (0.022)	0.025 (0.035)	0.048** (0.019)	0.129 (0.141)	0.270*** (0.057)
$\ln ngd$	-0.014* (0.008)	-0.004 (0.009)	-0.010* (0.006)	0.031 (0.056)	-0.053** (0.024)
$\ln h$	0.058*** (0.022)	-0.006 (0.033)	0.040** (0.018)	-0.082 (0.177)	0.013 (0.078)
$\ln m$	-0.004 (0.010)	-0.050** (0.023)	-0.009 (0.007)	-0.091 (0.069)	-0.035 (0.054)
截距项	0.940*** (0.149)	2.358*** (0.338)	0.530*** (0.148)		
工具变量数目				134	49
Hansen J 检验				[1.000]	[0.997]

续表

变量	OLS	FEM	FGLS	DIF – GMM	SYS – GMM
Diff – in – Hansen 检验					[1.000]
AR（1）				[0.117]	[0.004]
AR（2）				[0.579]	[0.573]

注：（1）因变量是 gr，五年时间段 lny 期初与期末的差异。
（2）回归包括了所有的时间效应变量，为节省空间未显示。
（3）小括号中的数值为标准差，中括号中的数值为 p 统计值。
（4）DIF – GMM 代表一阶差分广义矩阵估计法，SYS – GMM 代表系统广义矩阵估计法。使用 Stata 中的 xtabond2 进行回归（Roobman, 2009a）。
（5）DIF – GMM 中使用 $\ln y_{it}$，$\ln k_{it}$，$\ln h_{it}$，$\ln(n_{it}+n+\delta)$ 和 $\ln m_{it}$ 的两期及更多期的滞后值作为工具变量。SYS – GMM 中则沿袭 Roodman（2009b），使用了两期滞后值为工具变量。
（6）显著性水平：*** 为 1%，** 为 5%，* 为 10%。

最小二乘法的回归结果显示，对于 lnlagy、lnk、lnngd 和 lnh 的估计系数都得到了预期的符号和显著性，而 lnm 的估计系数为负但不显著。固定效应模型的回归结果指出期初真实人均 GDP 的估计系数显著为负，国防负担显著阻碍经济增长，而其他变量的估计系数均不显著。可行一般最小二乘法估计结果在第四列给出。除了国防支出以外，所有变量的估计系数都显著且与预期符号一致。lnm 的估计系数为负但不显著。使用一阶差分广义矩阵估计法的结果在第五列中给出。由于 Arellano – Bond 检验指出存在二阶序列自相关并且只有期初真实人均 GDP 的估计系数显著为负，故一阶差分广义矩阵估计法表现不佳。最后一列给出了系统广义矩阵估计法的结果。Arellano – Bond 检验指出不存在二阶序列自相关并且 HansenJ 检验和 Diff – in – Hansen 检验均指出工具变量的有效性。期初真实人均 GDP 的估计系数显著为负。物质资本变量和人口增长率显著影响经济增长而和人力资本变量的估计系数并不显著。国防财政规模的估计系数为负然而并不显著。

由于 21 个 OECD 国家的国防财政规模在"冷战"后显著下降，本文进一步将样本分为"冷战"期间（1960～1989 年）和"冷战"后期间（1990～2009 年）。回归结果分别在表9 和表10 中给出。由于两个子期间分别只有 6 个和 4 个五年时间段，故对于小样本实证研究，将关注固定效应模型和可行一般最小二乘

法估计回归的结果并在表 11 中给出了比较。固定效应模型回归的结果显示对于 ln$m$ 的估计系数"冷战"期间和"冷战"后期间分别为 -0.016 和 -0.12。可行一般最小二乘法估计中，ln$m$ 的估计系数"冷战"期间和"冷战"后期间分别为 -0.005 和 -0.007。因此，国防财政规模对经济增长的阻碍作用在"冷战"后期间变大了，潜在的原因可能是由于对于资源的缺乏充分利用以及短期各种转型带来的高成本。正如 Intriligator（1996）所建议的那样，低规模国防财政对经济增长的长期影响来自将军用生产能力转化为民用，"和平红利"才能在 OECD 国家成为现实。

表 9　21 个 OECD 国家 1960~1989 年的面板数据估计结果

变量	OLS	FEM	FGLS	DIF – GMM	SYS – GMM
ln$lagy$	-0.121 *** (0.020)	-0.295 *** (0.048)	-0.086 *** (0.018)	-0.267 (0.158)	-0.069 *** (0.031)
ln$k$	0.114 *** (0.024)	0.082 (0.053)	0.082 *** (0.021)	0.388 *** (0.085)	0.249 ** (0.098)
lnngd	-0.013 (0.008)	-0.004 (0.010)	-0.006 (0.005)	-0.002 (0.015)	-0.038 (0.032)
ln$h$	0.037 (0.022)	-0.014 (0.05)	0.023 (0.020)	-0.117 (0.078)	0.017 (0.061)
ln$m$	-0.004 (0.011)	-0.016 (0.034)	-0.005 (0.009)	-0.031 (0.084)	-0.023 (0.084)
截距项	0.858 *** (0.174)	2.358 *** (0.338)	0.673 *** (0.159)		
工具变量数目				50	29
Hansen J 检验				[1.000]	[0.774]
Diff-in-Hansen 检验					[0.849]
AR（1）				[0.328]	[0.093]
AR（2）				[0.571]	[0.330]

注：显著性水平：*** 为 1%，** 为 5%。

表10　　21个OECD国家1990~2009年的面板数据估计结果

变量	OLS	FEM	FGLS	DIF-GMM	SYS-GMM
ln$lagy$	-0.126*** (0.039)	-0.434*** (0.101)	-0.079*** (0.023)	-0.625 (0.246)	-0.224*** (0.056)
ln$k$	0.021 (0.051)	0.144* (0.077)	-0.001 (0.029)	0.221 (0.159)	0.401*** (0.094)
lnngd	-0.025 (0.017)	-0.045* (0.023)	-0.027*** (0.010)	-0.125* (0.072)	-0.096*** (0.036)
ln$h$	0.173*** (0.062)	-0.180 (0.113)	0.112*** (0.037)	-0.390 (0.370)	0.477** (0.201)
ln$m$	-0.007 (0.020)	-0.120** (0.054)	-0.007 (0.011)	-0.176 (0.160)	-0.054 (0.038)
截距项	0.853*** (0.308)	3.651*** (1.104)	0.559*** (0.168)		
工具变量数目				15	19
Hansen J 检验				[0.371]	[0.839]
Diff-in-Hansen 检验					[0.979]
AR（1）				[0.848]	[0.941]
AR（2）					

注：显著性水平：***为1%，**为5%，*为10%。

表11　　21个OECD国家"冷战"期间和"冷战"后期间回归结果的比较

模型	时期	ln$lagy$	ln$k$	lnngd	ln$h$	ln$m$
FEM	"冷战"期间	-0.295***	0.082	-0.004	-0.014	-0.016
	"冷战"后期间	-0.434***	0.144*	-0.045*	-0.180	-0.120**
FGLS	"冷战"期间	-0.086***	0.082***	-0.006	0.023	-0.005
	"冷战"后期间	-0.079***	0.001	-0.027***	0.112***	-0.007

注：显著性水平：***为1%，**为5%，*为10%。

四、总结

国防财政规模可以通过需求、供给和安全三个不同的渠道影响经济发展，由此衍生出了包括供给侧模型、需求侧模型与需求和供给混合模型，在国防经济学领域被广泛应用的理论模型。众多学者运用这些理论研究了不同国家、不同时期国防和增长的关系，并没有得到一致的结论。近年来，越来越多的学者认为应当将国防变量整合入主流或经典的经济增长模型（如Solow模型），来分析国防对经济增长的关系，并且得益于对于"冷战"之后可靠的数据（如经济数据和国防支出数据）和稳健的计量经济学回归方法的使用，实证研究的结果越来越趋于一致，即无论是发展中国家还是发达国家，国防财政规模对经济增长都产生了阻碍作用。

然而，降低国防财政规模，获得"和平红利"带来的经济发展的益处并不能一蹴而就。就国际而言，需要全球各国、国际组织和区域组织的共同努力，营造和平与发展的国际环境，使得国防财政规模得以降低；就国内而言，则需要在降低国防财政规模的同时，有效地配置国防资源，并通过军民融合等形式减少资源重新配置形成的转化成本，才能够真正地获得"和平红利"，促进经济发展。

参考文献

[1] 韩景俪, 罗春香. 国防开支与经济增长关系分析——基于面板数据的费德尔—拉姆模型 [J]. 经济管理, 2010 (3).

[2] 黄栋, 童光荣, 张怀强. 我国国防支出与经济增长的宏观计量模型与实证研究 [J]. 生产力研究, 2010 (10).

[3] 李双杰, 陈渤. Feder—Ram模型及对中国国防支出与经济增长相关性的实证分析和应用 [J]. 数量经济技术经济研究, 2002 (8).

[4] 连玮佳, 李健. 中国国防支出对经济增长影响评估: 三部门模型的推导与分析 [J]. 军事经济研究, 2008 (5).

[5] 刘涛雄, 胡鞍钢. 国防开支对中国经济增长影响评估的两部门外部性模型 [J]. 清华大学学报（自然科学版）, 2005 (12).

[6] 孟斌斌, 周建设. 国防支出对经济增长的外部性效应及规模效应的分析 [J]. 价值工程, 2011, 30 (20).

[7] 牛晓健, 陶川, 钱科. 中国的国防支出会构成军事威胁吗？——基于新中国建立以来国防支出和经济增长关系的实证研究 [J]. 复旦学报（社会科学版）, 2009 (6).

[8] 王万珺，陈晓. 国防支出与经济增长均衡关系的理论和实证研究——基于门槛回归模型的检验分析［J］. 财经研究，2011（1）.

[9] 张五六. 国防支出与经济增长关系非对称性的研究［J］. 中国软科学，2012（3）.

[10] Barro, R. J. and Lee J. W. *A New Data Set of Educational Attainment in the World*, 1950 – 2010［R］. NBER Working Paper No. 15902, 2010.

[11] Batchelor, P., Dunne, P., Saal, D. Military Spending and Economic Growth in South Africa［J］. *Defence and Peace Economics*, Vol. 11, No. 6, 2000, pp. 553 – 571.

[12] Benoit, E. Growth and Defence in LDCs［J］. *Economic Development and Cultural Change*, 26, 1978, pp. 271 – 280.

[13] Biswas, B. and Ram R. Military Spending and Economic Growth in Less Developed Countries: An Augmented Model and Further Evidence［J］. *Economic Development and Cultural Change*, 1986, 34（2）, pp. 361 – 372.

[14] Chowdhury, A. Defence Spending and Economic Growth［J］. *Journal of Conflict Resolution*, 1991, 35（1）, pp. 80 – 97.

[15] Dakurah A. H., Davies, S. P. and Sampath, R. K. Defense Spending and Economic Growth in Developing Countries: A Causality Analysis［J］. *Journal of Policy Modelling*, 2001, 23, pp. 651 – 658.

[16] Deger, S. and Sen, S. Military Expenditure and Third World Countries［M］// Hartley, K., Sandler, T., (eds.), *Handbook of Defense Economics* Vol. 1, Elsevier, Amsterdam, 1995, pp. 275 – 307.

[17] Deger, S. Economic Development and Defence Expenditure［J］. *Economic Development and Cultural Change*, Vol. 35, No. 1, 1986a, pp. 179 – 196.

[18] Deger, S. *Military Expenditure and Third World Countries: The Economic Effect*［M］. Routledge and Kegan Paul, London., 1986b.

[19] Deger, S., Sen S. Military Expenditure, Spin – off and Economic Development［J］. *Journal of Development Economics*, Vol. 13, 1983, pp. 67 – 83.

[20] Deger, S., Smith, R. Military Expenditure and Growth in Less Developed Countries［J］. *Journal of Conflict Resolution*, Vol. 27, No. 2, 1983, pp. 335 – 353.

[21] Dunne, J. P., Nikolaidou, E. and Roux, A. Defence Spending and Economic Growth in South Africa: A Supply and Demand Model［J］. *Defence and Peace Economics*, 2000, 11（4）, pp. 573 – 585.

[22] Dunne, J. P., Smith, R. P., Willenbockel, D. Models of Military Expenditure and

Growth: A Critical Review [J]. *Defence and Peace Economics*, Vol. 16, No. 6, 2005, pp. 449 – 461.

[23] Feder, G. On Exports and Economic Growth [J]. *Journal of Economic Development*, 1983, 12, pp. 59 – 73.

[24] Galvin, H. The Impact of Defence Spending on the Economic Growth of Developing Countries: A Cross – Section Study [J]. *Defence and Peace Economics*, Vol. 14, No. 1, 2003, pp. 51 – 59.

[25] Gold, D. Evaluating the Trade – Off Between Military Spending and Investment in the United States [J]. *Defence and Peace Economics*, Vol. 8, No. 3, 1997, pp. 251 – 266.

[26] Hou, N. and Chen, B. Military Expenditure and Economic Growth in Developing Countries: Evidence from System GMM Estimates [J]. *Defence and Peace Economics*, Vol. 24, No. 3, 2013, pp. 183 – 193.

[27] Intriligator, M. D. The Peace Dividend: Myth or Reality?, in Dunne, J. P., (ed.), *The Peace Dividend* (Contributions to Economic Analysis, Volume 235) [M]. Emerald Group Publishing Limited, 1996, pp. 1 – 13.

[28] Karagianni and Pempetzoglu. Defense Spending and Economic Growth in Turkey: A Linear and Non – Linear Granger Causality Approach [J]. *Defence and Peace Economics*, 2009, 20 (2), pp. 139 – 148.

[29] Klein, T. Military Expenditure and Economic Growth: Peru 1970 – 1996 [J]. *Defence and Peace Economics*, 2004, 15 (3), pp. 275 – 288.

[30] Knight, M., Loayza, N. and Villanueva, D. *The Peace Dividend: Military Spending Cuts and Economic Growth* [R]. IMF Staff Papers, 1996, pp. 1 – 44.

[31] Kollias, C., Naxakis, C. and Zarangas, L. Defence Spending and Growth in Cyprus: A Causal Analysis [J]. *Defence and Peace Economics*, 2004, 15 (3), pp. 299 – 307.

[32] Kusi, N. K. Economic Growth and Defence Spending in Developing Countries [J]. *Journal of Conflict Resolution*, 1994, 38 (1), pp. 152 – 159.

[33] Lai, C. N., Huang, B. N. and Yang, C. W. Defense Spending and Economic Growth across the Taiwan Straits: A Threshold Regression Model [J]. *Defence and Peace Economics*, 2005, 16 (1), pp. 45 – 57.

[34] Lee, C. C. and Chen, S. T. Do Defence Expenditures Spur GDP? A Panel Analysis from OECD and Non – OECD Countries [J]. *Defence and Peace Economics*, 2007, 18 (3), pp. 265 – 280.

[35] Malizard, J. *Does Military Expenditure Crowds – Out Private Investment? A Disaggregat-*

ed Perspective for the Case of France [R]. AFSE Meeting 2013, Aix – en – Provence, 2013.

[36] Mankiw, N. G., Romer, D. and Weil, D. N. A Contribution to the Empirics of Economic Growth [J]. *Quarterly Journal of Economics*, 1992, 107, pp. 407 – 437.

[37] Mintz, A. and Stevenson, R. T. Defence Expenditures, Economic Growth, and the "Peace Dividend": A Longitudinal Analysis of 103 Countries [J]. *Journal of Conflict Resolution*, Vol. 39, No. 2, 1995, pp. 283 – 305.

[38] Mosley, Hugh. *The Arms Race: Economic and Social Consequences* [M]. Lexington, MA: Lexington Books, 1985.

[39] Murdoch, J. C., Pi, C. R. and Sandler, T. The Impact of Defense and Non – defense Public Spending on Growth in Asia and Latin America [J]. *Defence and Peace Economics*, 1997, 8 (2), pp. 205 – 224.

[40] Ram, R. Defense Expenditure and Economic Growth [M]//Hartley, K., Sandler, T., (eds.), *Handbook of Defense Economics* Vol. 1, Elsevier, Amsterdam, 1995, pp. 251 – 273.

[41] Ramos, E. M. Country Survey XIX: Mexico [J]. *Defence and Peace Economics*, 2004, 15 (1), pp. 83 – 99.

[42] Reitschuler, G. and Loening, J. L. Modeling the Defense – Growth Nexus in Guatemala [J]. *World Development*, 2005, 33 (3), pp. 513 – 526.

[43] Roodman, D. How to do xtabond2: an introduction to difference and system GMM in Stata [J]. *Stata Journal*, 2009a, 9, pp. 86 – 136.

[44] Roodman, D. A note on the theme of too many instruments [J]. *Oxford Bulletin of Economics and Statistics*, 2009b, 71, pp. 135 – 158.

[45] Sandler and Hartley *The Economics of Defense* [M]. Cambridge University Press, 1995.

[46] Scott, J. P. Does UK Defence Spending Crowd – Out UK Private Sector Investment [J]. *Defence and Peace Economics*, Vol. 12, No. 4, 2001, pp. 325 – 336.

[47] Sezgin, S. Country survey X: Defence spending in Turke [J]. *Defence and Peace Economics*, 1997, 8 (4), pp. 381 – 409.

[48] Sezgin, S. An Empirical Analysis of Turkey's Defence – Growth Relationships with A Multi – Equation Model (1956 – 1994) [J]. *Defence and Peace Economics*, 2001, 12 (1), pp. 69 – 86.

[49] Smith, R. Military Expenditure and Investment in OECD Countries 1954 – 1973 [J]. *Journal of Comparative Economics*, Vol. 4, No. 1, 1980, pp. 19 – 32.

[50] Solow, R. M. A Contribution to the Theory of Economic Growth [J]. *Quarterly Journal of Economics*, 1956, 70, pp. 65 – 94.

[51] Ward, M. D. and Davis, D. R. Sizing up the Peace Dividend: Economic Growth and Military Spending in the United States, 1948 – 1996 [J]. *American Political Science Review*, 1992, 86, pp. 748 – 755.

[52] Windmeijer, F. A finite sample correction for the variance of linear efficient two – step GMM estimators [J]. *Journal of Econometrics*, 2005, 126, pp. 25 – 51.

[53] Yakovlev, P. Arms Trade, Military Spending, and Economic Growth [J]. *Defence and peace Economics*, 2007, 18 (4), pp. 317 – 338.

[54] Yildirim, J., Sezgin, S. and Ocal, N. Military Expenditure and Economic Growth in Middle Eastern Countries: A Dynamic Panel Data Analysis [J]. *Defence and Peace Economics*, 2005, 16 (4), pp. 283 – 295.

国防支出绩效评估体系

余冬平　黄　莹*

[摘　要] 国防支出具有预算约束下的需求刚性特征，因而构建国防支出绩效评估体系，在合理的国防支出规模下提高国防支出的使用效率，进而提高国防经济的运行效率，是国防建设和经济发展的客观要求。本文以平衡计分卡为基本分析框架，从评估指标、评估标准、计分方法和制度创新四个方面，对国防支出的绩效评估体系进行了全面、系统和深入的研究。第一，对国防支出绩效评估的内涵与特征进行了深入解析和界定；第二，根据其内涵与特征，从外部和内部条件两大方面，对选取平衡计分卡作为国防支出绩效评估方法的可行性进行了细致分析和阐述，以此给出了国防支出平衡计分卡绩效评估的总体框架；第三，以总体框架为基础，分别从国防支出的系统功能、环境适应、内部结构和发展潜力四个不同维度，对国防支出绩效评估指标体系进行了系统构建和说明；第四，根据指标具体特征，对国防支出绩效指标评估标准制定依据进行了细致探讨，并给出了定性和定量指标标准制定的具体方法；第五，在统一的评分框架下，给出了定性和定量指标的无量纲转化方法、多层次指标权重确定方法，以及国防支出绩效综合计分方法；第六，为了确保国防支出绩效评估能够顺利、切实和有效地开展与实施，又从评估机构、法律保障、执行依据和预算编制四大方面，对国防支出绩效评估的制度创新进行了全面考察和阐述。

[关键词] 国防支出　绩效评估　平衡计分卡

基金项目：教育部人文社会科学基金规划项目（15YJAZH103）；北京市人文社会科学基金一般项目（14JGB085）；中央财经大学全球经济与可持续发展研究中心战略安全与国家动员能力建设专项项目。

*余冬平：中央财经大学国防经济与管理研究院副教授，硕士研究生导师；黄莹：吉林财经大学副教授。

近年来，我国面临的国际环境和安全形势尤为复杂，国防建设还存在诸多薄弱环节，出于防御性安全的考虑，我国目前的国防支出需求刚性较大。与此同时，在当前的公共财政体制改革背景下，社会保障、教育及基本公共服务等民生财政支出项目对财政支出也形成巨大需求，与国防支出需求形成财政竞争，国防支出不具备大规模扩张的可能性。因此，在既定的国防支出规模基础上，提高国防支出效益，以既定的投入获得更多的产出，是国防经济发展的客观需要。构建国防支出绩效评估体系[①]，科学合理地确定国防支出的投向、投量，优化国防资源配置结构，提高支出效率是提高我国国防建设水平的有效途径。我国对国防支出绩效评估问题的研究起步较晚，目前尚未形成系统完整的研究体系，对这一领域的进一步研究是对公共支出绩效评估体系的完善和重要补充，对于提高我国国防支出的使用效率以及国防经济的运行效率，具有十分重要的理论价值和实践意义。

一、国防支出绩效评估的内涵与特征

（一）国防支出绩效评估的内涵

国防支出是国家用于国防建设的经费，是政府财政购买性支出的重要组成部分。国防支出有广义与狭义之分。广义的国防支出是指一个特定国家在一定时期内（通常是一年），用于与国家安全防卫有关的人员与项目上的所有资源耗费的总和。狭义的国防支出是指一个财政年度内用于由国防部管辖的所有项目上的支出。本文中的国防支出是指狭义上的国防支出，即只包括国防部门投入的直接、有形成本，对于在国防建设过程中发生的无形成本、间接成本及机会成本，以及与国家安全防卫有关但并不纳入国防部的预算，如原子能开发项目、民防工程项目等均不包括在内。

国防支出绩效是通过国防经济活动中所取得的符合国家军事目的的军事成果和利益与所耗费的国防支出之间的对比关系，国防支出绩效反映的是国防经费的使用效率。首先，从质的方面看，国防支出绩效是军事成果的有用性和有效性，是针对军事实力、国防战略所取得的有效成果，体现着国防经费和资源投入带来的国防产出效率；其次，从量的方面看，国防支出绩效是军事劳动和国防经费的耗费与军事成果和国防产品之间的价值对比关系。对国防支出的绩效评估，其实

---

① 本文的绩效评估体系包括评估指标、评估标准、计分方法和制度创新四大部分。

质是评估财政资金在国防领域的支出效率，一方面是国防支出的经济效益，另一方面是国防支出的功能效益，即国防支出是否以最小投入实现了国防目标。因此，国防支出绩效评估是对国防支出的经济性、效率性和有效性进行的评估。

（二）国防支出绩效评估的特征

国防支出属于公共消费性支出，由于国防支出的直接成果表现为国家国防安全系统，与其他一般性公共支出相比，更加难以计量评估，也更加抽象，因此国防支出绩效评估具有特殊性。

1. 国防支出的最终成果具有非实物性。国防支出的目的指向是形成国家防卫能力，国防支出的产出表现为国防安全。国防安全程度及数量是一个难以量化和货币化的成果，对国防安全的衡量具有主观性和相对性。一方面，国防安全表现为公众获得的安全感，这是一个主观指标，难以进行量化和货币化；另一方面，国防安全是具有非物质形态的综合成果，其质和量都难以直接进行衡量，通常只能通过国防支出的直接成果（如国防基础设施、武器装备、军队等）的规模和质量来间接衡量。

2. 国防支出的产出成果具有非营利性。在国防经济运行中，虽然国防活动的消耗表现为货币支出，但其产出却不是表现为货币收益，也不能以经济效益进行衡量。国防安全是政府履行其职能过程中提供的公共产品，具有外部性。但由于国防安全对经济推动产生的效益规模难以具体计量，因此在衡量国防支出的产出时，其对经济发展的影响只是一个参考因素，不能作为实际产出结果，总体而言，国防支出的产出成果是非营利性的。

3. 国防与国防支出的产出成果计量具有相对性。国防支出投入量是能够以价值的形式准确计量的，但是国防活动的产出，即国防安全，其规模和质量都是难以进行货币化的成果。虽然可以通过间接衡量的方法，以国防支出的直接成果来替代国防安全的衡量，但这些直接成果的计量方式和计量单位也是多种多样的。同时，这些形式多样的产出结果不具有累加性，不能折合成统一的计量指标和计量单位，各种产出结果的无量纲化难度大。

4. 国防支出效益的产生具有非循环性。从社会生产与再生产的全过程看，国防支出过程总体上是消耗性的，其产出成果不再进入社会再生产过程。因而，与一般的经济效益产生于"生产—再生产"的循环运动不同，国防经济运行效益产生于投入（国防支出消耗）—产出（国防建设成果）的单向运动过程中，

是非循环的。由于国防支出效益的非循环性和消耗性，对国防支出的效率也就产生了客观的要求。

5. 国防支出的运行具有波动性。国防支出"投入—产出"过程所面临的各类内部和外部因素的影响，无论数量还是强度均远大于一般经济形态在运行过程所受的影响。同时，不同时期不同环境下的国防支出投入，其产出结果也存在很大差异。从这些因素来看，国防经济运行效益不可能像一般经济效益那样保持稳定的增长趋势，国防支出的效益受外部和内部因素的影响常表现为离散状态，具有较大的波动性和不稳定性。

二、国防支出绩效评估的方法选取与总体框架

（一）国防支出绩效评估方法的选取与可行性

随着绩效评估研究的不断深入，绩效评估的方法也逐渐丰富。绩效评估源自企业管理，但目前有很多绩效评估的方法在公共支出绩效评估中得以应用并收到良好的效果，其中数据挖掘方法、数据包络分析法、模糊综合评价法和平衡计分卡等绩效评估方法也适用于国防支出绩效评估。根据国防支出绩效评估的特点和平衡计分卡的功能，本文选择以平衡计分卡法来构建国防支出绩效评估体系。

平衡计分卡在政府部门具有普遍适用性，由于国防部门是公共管理部门的组成部分，从理论上来说，在国防部门引入平衡计分卡是可行的。平衡计分卡的优势在于对非财务指标的评估，平衡计分卡的四个评估维度中，除了财务维度以外，其他三个维度，即顾客维度、内部流程维度以及学习和成长维度均以非财务指标为主要评估指标，注重评估对象执行过程与执行结果对战略目标的实现程度，以及评估对象的发展潜力。平衡计分卡的这些特点符合国防部门产出的非货币性和非营利性特征。此外，从国外经验来看，美国和英国等国家的国防部门所采用的绩效评估也正是基于平衡计分卡法的评估体系。目前，美国和英国等国的国防部门开展的绩效评价主要是基于平衡计分卡框架针对国防项目、国防采办等微观支出项目的绩效评价。国防安全是由国防支出的每一个具体项目有机组合形成的保障能力，各组成项目之间的资源配置、国防安全的受益对象以及国防体系的发展潜力等因素决定了国防支出的绩效水平，能够评估这些因素之间的耦合能力和运行成效正是平衡计分卡法的优势所在。

1. 外部条件。随着我国改革开放的进一步深化，我国政府部门在管理方式

和管理理念上受到了西方新公共管理运动的影响，以效益为导向，建立企业式政府、质量政府和顾客导向的政府这些观念已经深入政府管理领域，各级政府已经引入私营部门的先进管理技术和管理方法。平衡计分卡的思想符合科学发展观的战略需要，对政府部门发展的各个方面提出要求，四个维度的发展缺一不可。对于政府公共部门来说，平衡计分卡的一票否决机制可以制约政府的短期行为。国防部门与其他公共支出部门相比更加注重短期发展与长期发展、内部与外部的平衡，国防部门的产出主要表现为公共安全等社会性目标，这些正是平衡计分卡在绩效评估中的优势所在。

2. 内部条件。平衡计分卡方法中，战略是在绩效评估中起导向作用的因素，战略的意义在于为解决"如何能实现使命""如何能达到绩效目标"这些问题提供思路。平衡计分卡的成功之处是将战略置于管理的中心，因此在国防部门应用平衡计分卡必须将战略作为绩效评估的导向。国防支出绩效评估中必须明确国防支出的战略目标以及国防部门的支出期望实现的结果，特别是可以被测量的结果和国防部门肩负责任的结果。国防部门的使命和战略是部门运转的基础，因此国防支出的使命和战略是确定的，因而有利于平衡计分卡四个维度的指标设计。

（二）国防支出平衡计分卡绩效评估的总体框架

根据国防支出绩效评估的内涵与特征，对平衡计分卡的四个维度在国防领域进行修正和调整，以建立符合国防支出特点的使命和战略指导下的平衡计分卡绩效评估框架。

1. 国防核心使命。国防的核心使命包括：维护国内安全；维护国家主权和领土完整；确保贸易路线畅通等。国防支出是国家用于国防目的的专项费用，作为国防军事力量的经济性因素，在和平时期的军力建设和战备工作中有着重要的作用。国防支出是建设现代化武装力量的财力保证，通过维持适度的国防支出规模，可以增强国家的军事实力，增强国家的安全系数。国防支出也是平时战略物资储备的经济基础，亦为国防科研提供着经济支撑。国防建设还承担着平息国内政治运动暴乱、应对自然灾害、意外事故等突发事件的职能，在和平时期，参加国家经济建设是我国军队的一项基本政策，因此，国防支出具有保障国家安全和社会稳定的职能。

2. 国防战略。国防战略决定了军事力量要承担的任务（如防御、攻击、维和、求援、军控或武装制裁等）和应具备的军事能力结构。军事力量的存在是为实现国防战略目标服务，因此国防战略任务、目标决定了国家军事力量的规模和结构。然而国防战略又取决于国家面临的国际局势与周边环境、潜在威胁与未来冲突的形式、盟友与敌人、国家利益与国家安全的界定、国家的社会经济发展战略、科技进步等因素，需要对所有这些因素进行系统分析，然后在此基础上提出本国的国防战略并构建本国的国防体系。因此，一国的国防战略是决定一国国防体系内部军力结构的比例、军事力量应该具备的能力、国防资源配置和军事人力需求的数量、规格及结构的最重要的因素。但是，国防支出实际上只是国防战略的经济体现，其规模和结构是国防战略的"数字化"表现。因此，随着国防战略、国防政策的变化调整，一国的国防支出规模、国防支出结构都会相应发生改变。

3. 国防支出的系统功能维度。在企业平衡计分卡系统中，财务维度关注的核心目标是成本与利润。财务维度是对企业功能的评估，它通过衡量企业投入与产出的对比关系，评估企业对自身所定位的功能的实现程度，财务状况的恶化必然导致企业功能的失败。在企业平衡计分卡中，财务维度是绩效评估的起点，顾客维度、内部流程维度以及学习与成长维度的改善只是实现利润和降低成本这个功能的手段。对于其他部门，尤其是非营利性政府部门来说，由于政府部门的公共性，财务维度往往是机构内部问题，而不是该政府机构的主要功能体现。不同政府部门有不同的功能，对国防部门来说，其主要功能是生产国防产品，即保护国家安全，通过投入国防支出，形成整个国家的国防体系和战斗力，以实现国防的使命。因此，企业平衡计分卡中的财务维度在国防支出平衡计分卡中表现为国防支出的系统功能。

4. 国防支出的环境适应维度。在企业平衡计分卡系统中，顾客维度主要是从产品的可用性方面来进行评估，企业以顾客需求为导向进行生产，所生产的产品只有满足顾客需要才能维持企业的再生产，否则企业将无法适应市场竞争的需要。因此，企业不仅需要了解顾客的需求特征、需求量等信息，还要了解同类企业的动向及行业动向等相关环境因素，以提供顾客所需要的产品，进而实现企业的财务目标。企业平衡计分卡顾客维度的考核指标体现了企业是否能适应不同的顾客需求，反映了企业对外部环境的适应性。政府部门同样必须适应环境的变化，而不同的政府部门由于其职能不同，对环境适应性亦不同，国防部门面临的外部环境就是国家所处的国际国内政治经济

环境，国家所面临的国际国内政治关系和经济环境决定了公众对国防产品的需求结构和需求量。因此，企业平衡计分卡中的顾客维度在国防支出平衡计分卡中表现为国防支出对环境的适应与融合。

5. 国防支出的内部结构维度。评估对象内部所发生的程序、决策和行为决定了其绩效的高低。因此，企业对其内部流程维度的改进是企业实现其发展战略和目标的必备条件。企业通过内部流程的经营最终形成企业竞争能力，企业的顺利运转依赖于合理有效的内部流程，因此，内部流程维度是企业提升绩效水平的重点。对其他包括国防部门在内的非营利政府部门来说，合理的结构是实现政府内部资源合理配置的基础，也是发挥政府功能的重要因素。国防部门的组织结构并不仅仅是其组成结构，同企业一样，其中还包括国防部门各种支出活动的流程，以及国防经济系统的运行机制。政府管理者需要关注那些能够对系统功能维度和环境适应维度发挥作用的内部结构和活动。对国防支出绩效评估体系来说，内部结构维度反映的是国防支出结构，即国防系统如何通过国防支出的结构与活动，使国防支出效率达到最优。

6. 国防支出的发展潜力维度。企业绩效评估中的人力资源是企业竞争力的载体，企业雇员的潜力是影响包括企业在内的任何组织机构发展的重要因素。平衡计分卡的学习与发展维度、财务维度以及内部流程维度一般会揭示人才、系统和程序的现有能力和实现突破性绩效所必需的能力之间的巨大差异。因此，提升企业整体绩效就必须关注企业长期发展的后续力量。平衡计分卡的学习和成长维度确立了企业必须建立的长期成长和进步的基础结构，评估创新与学习的目的是反映企业是否具有能继续改进和创造未来价值的能力。但对于任何组织机构，包括国防部门来说，想要发展必须具有发展的潜力。国防部门的发展潜力不仅包括工作人员的发展潜力，还包括国防部门对现有资源的利用潜力，通过资源的利用潜力来促进国防系统功能的发挥。国防支出绩效的提升，必须通过不断地与外部环境进行信息和能量的交换，以提升国防支出发展潜力维度的绩效。

综上所述，平衡计分卡法在国防领域的拓展体现了国防部门的特殊性和国防支出与一般公共支出的差异，国防支出平衡计分卡法是对财务维度、顾客维度、内部流程维度和学习与成长维度在国防领域的具体化。根据国防支出的不同，在评估过程中平衡计分卡体系可以通过具体化的评估指标，形成国防支出平衡计分卡。国防支出平衡计分卡绩效评估框架如图1所示。

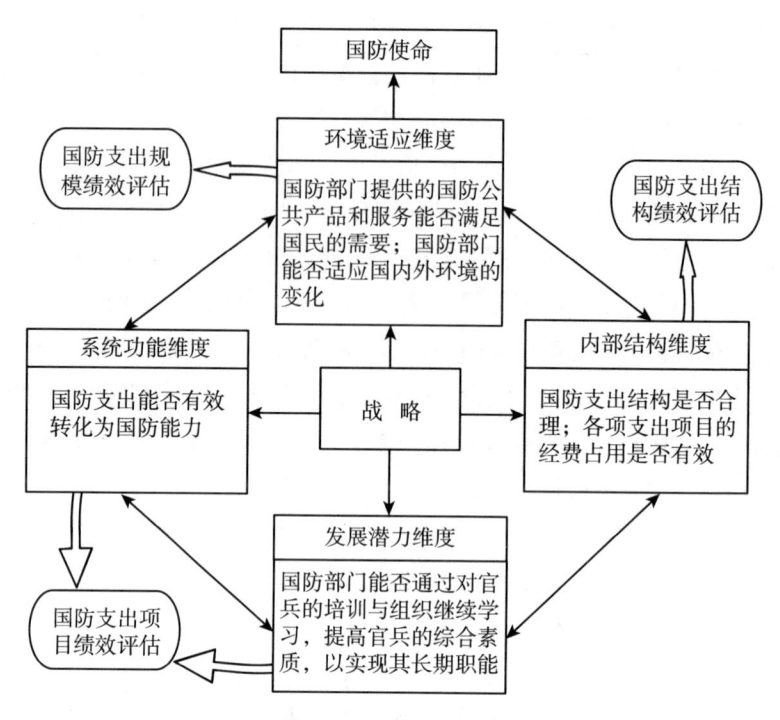

```
                         国防使命
                           ↑
              ┌──────────────────────┐
              │     环境适应维度      │
   国防支出规  │ 国防部门提供的国防公  │   国防支出结
   模绩效评估 ←│ 共产品和服务能否满足 │→  构绩效评估
              │ 国民的需要；国防部门  │
              │ 能否适应国内外环境的  │
              │        变化          │
              └──────────────────────┘
                    ↑           ↑
┌──────────────┐  ┌──────┐  ┌──────────────────┐
│ 系统功能维度 │  │      │  │  内部结构维度    │
│ 国防支出能否有│←→│ 战略 │←→│ 国防支出结构是否合│
│ 效转化为国防能│  │      │  │ 理；各项支出项目的│
│     力       │  │      │  │ 经费占用是否有效 │
└──────────────┘  └──────┘  └──────────────────┘
         ↓              ↑
                ┌──────────────────┐
                │   发展潜力维度   │
   国防支出项   │ 国防部门能否通过对官│
   目绩效评估 ←│ 兵的培训与组织继续学│
                │ 习，提高官兵的综合素│
                │ 质，以实现其长期职能│
                └──────────────────┘
```

图 1　国防支出平衡计分卡绩效评估框架

由于国防部门提供公共产品的特殊性及其非营利性以及国防部门的使命，在整个评估体系中，国防支出平衡计分卡的系统功能、环境适应、内部结构和发展潜力四个维度分别要实现如下绩效目标（见表1）。

表1　　　　　　　　国防支出平衡计分卡的绩效目标

评估维度	绩效目标
系统功能维度	1. 降低国防部门运行的客观成本耗费； 2. 国防部门人员经费高效、节约； 3. 国防预算有效执行； 4. 武器采购和国防基础设施建设具有高效率
环境适应维度	1. 及时提供满足各时期需求的国防公共产品和服务； 2. 提供有效、高质量的国防公共产品和服务； 3. 国防支出对经济发展具有正外部效应； 4. 各时期公众对国防公共产品和服务具有较高满意度

续表

评估维度	绩效目标
内部结构维度	1. 国防系统运营高效、管理规范； 2. 国防经费利用效率和效益最大化； 3. 运用高科技提高国防资产管理绩效水平，实现国防资产价值增值； 4. 军事人力资源管理高效率
发展潜力维度	1. 国防部门战略信息资源的获取渠道畅通； 2. 国防部门具有可持续发展的组织架构； 3. 国防系统为支持战略目标实现对工作人员进行必需的培训； 4. 拥有能实现国防部门战略目标的团队； 5. 国防部门工作人员具有较高的工作满意度

三、国防支出平衡计分卡的绩效评估指标体系

国防支出的投向具有复杂性和多样性，产出也具有多样性，因此，国防支出绩效评估的具体对象也不相同。基于这样的特点，对于不同的评估对象需要选取不同的评估指标。只有选择了适当的评估指标，才能对国防支出进行恰当的绩效评估，得出的评估结果才能科学、准确、可靠并全面，进而对提高国防支出效率具有实际意义。在指标选择过程中要遵循相关性标准、经济性标准、可比性标准和重要性标准等。按照指标选择的标准，在国防支出平衡计分卡绩效评估框架下，对以下四个维度设置具体的评估指标。

（一）国防支出的系统功能维度

从国防支出的系统功能角度来看，国防支出主要的投向为国防活动维持费、武器装备费和人事费。国防活动维持费主要用于军队训练、国防工程和设施的建设、日常消耗性支出等；武器装备费主要用于武器装备的研发、采购、运输、维修等；人事费主要用于部队官兵的工资、福利、保险、伙食及置装等支出。因此，国防支出平衡计分卡系统功能维度在具体评估时，应从国防支出的具体投向出发，设置国防活动维持费指标、武器装备费指标和国防人事费指标三个方面的一级指标，各指标下按经费的用途设置相关的二级指标和三级指标。具体评估指标及指标计算如表2所示。

表2 国防支出平衡计分卡系统功能维度指标及说明

一级指标	二级指标	三级指标	指标计算公式	指标说明
国防活动维持费指标	国防消耗性支出	国防消耗性支出率	$\dfrac{维持性支出总额}{国防支出总额} \times 100\%$	该指标是评估用于维持性项目的国防支出占国防支出总额及国防分类别支出的比率。维持性支出分类别支出的比率反映了国防支出的刚性特征，是国防投入的基本反映
			$\dfrac{维持性支出分类别支出}{国防分类别支出} \times 100\%$	
		国防物资购买价格指数	$\sum \dfrac{报告期物资采购可比单价 \times 报告期物资采购数量}{基期物资采购可比单价 \times 报告期物资采购数量} \times 100\%$	军用物资购买受价格波动等诸多因素的影响，以报告期军用物资的采购总支出与基期采购总支出进行对比，得出军用物资的其他指标，在计算军事物资采购的价格指数，应用价格指数，可以剔除物价波动的影响，反映军用物资采购费的使用效益
	国防物资管理效益	国防物资流通费用率	$\dfrac{军用物资流通费用}{军用物资流转额} \times 100\%$	该指标反映每单位军用物资的流通费用。军用物资流通费是军用物资从订货到时所发生的进货费、储备费、供应费等方面的全部费用。军用物资流转额是报告期军用物资管理部门实际发生的物资进销额和销售额的乘积，包含购进销额和销售额两方面
		储备固定资产利用率	$\dfrac{利用固定资产能力}{固定资产设计使用能力} \times 100\%$	该指标反映用于军用物资储备的固定资产，包括库房、货场利用的各种设备的利用率
		国防物资周转速度	$\dfrac{周转储备物资发出额}{周转储备金平均占用额}$	周转储备物资发出额是储备部门实际发出的各类周转储备物资。周转资金平均占用额（包括储备物资金、货币资金和结算资金等）的平均余额。该指标用于说明军用物资管理部门流动资金的使用效益

108

续表

一级指标	二级指标	三级指标	指标计算公式	指标说明
国防活动维持费指标		国防物资消耗节约率	$1-\dfrac{\text{实际消耗物资总额}}{\text{规定物资消耗限额}} \times 100\%$	该指标是消耗军用物资的节约率，它是报告军事部门实际消耗的各类军用物资与上级规定的各类物资消耗限额的对比关系，反映军用物资消耗总量的节约程度
		国防固定资产交付使用率	$\dfrac{\text{国防固定资产新增额}}{\text{国防投资完成额}} \times 100\%$	该指标是评估期内新增军事固定资产占军事投入总量的百分比，反映当期投资占军事资产产出，以及军事固定资产投资的实现程度
	国防工程投资效益	国防工程成本降低率	$1-\dfrac{\text{军事工程实际成本}}{\text{军事工程预算成本}} \times 100\%$	该指标反映由于加强了军事工程管理，监督使军事工程成本低于军事工程预算，从而使军事工程建设效率提高的程度
		国防工程管理费用率	$\dfrac{\text{各类军事工程管理、维修总费用}}{\text{各类军事工程总价值}} \times 100\%$	该指标是报告期各类军事工程管理、保养、维修实际支出占各类军事工程总价值的比重，用于反映军事工程管理、维修成本情况
		工程保障能力利用率	$\dfrac{\text{各类国防工程实际利用的保障能力}}{\text{各类国防工程设计保障能力}} \times 100\%$	该指标用于评估军事工程建设提供保障的各类设施的利用率，通过该指标衡量保障设施的必要性，反映军事工程资金的使用效益
武器装备费指标	武器装备效益	武器装备效能系数	$\dfrac{\text{各类武器装备效能值}}{\text{各类武器装备总价值}} \times 100\%$	武器装备效能是在规定时间内武器装备对规定任务的完成程度，包括战斗装备的杀伤力，后勤装备的保障能力等。该指标反映战斗力和保障能力形成的杀伤力和保障能力是单位价值的武器装备系统所实现的战斗力，用于评估武器装备系统所实现的战斗力

109

续表

一级指标	二级指标	三级指标	指标计算公式	指标说明
武器装备费指标	武器装备效益	武器装备采购费节约率	$1-\dfrac{武器装备实际采购费}{武器装备计划采购费}\times 100\%$	该指标反映的是武器装备采购活动中，通过审价、监制等措施使实际采购费低于计划采购费，从而评估武器装备采购效率提高程度
		武器装备采购价格指数	$\dfrac{\sum 报告期武器装备采购可比单价 \times 报告期武器装备采购数量}{\sum 基期武器装备采购可比单价 \times 报告期武器装备采购数量}\times 100\%$	该指标反映的是单位可比武器装备采购价格在报告期与基期相比综合变动的程度。该指标与相应的单位原材料价格指数的关系，可以反映价格、节约采购费用生产部门提高生产效率、降低价格、节约采购费用的情况
		武器装备更新率	$\dfrac{采购的新武器装备价值总额}{全部武器装备价值总额}\times 100\%$	该指标是指全部武器装备中，新采购的武器装备的占比，反映武器装备的更新情况
		武器装备完好率	$\dfrac{完好武器装备数量}{武器装备总量}\times 100\%$	该指标是武器技术性能良好，随时可以动用且能够正常运行和消耗的武器装备数量占武器装备总量的比重，反映武器装备的质量
	武器装备运输效益	运输费用率	$\dfrac{武器装备运输费（元）}{装备运输周转量（吨公里）}$	该指标反映的是单位运量的装备在单位运量上的运输费用，是武器装备运输工作的综合效益。装备运输费是报告期国防部门实际支付的装备运输费用，包括外包运输和军队自运所发生的费用；装备运输周转量是当期实际完成武器装备运输量与运距的乘积

续表

一级指标	二级指标	三级指标	指标计算公式	指标说明
武器装备费指标	武器装备运输效益	运输费用节约率	$\dfrac{武器装备运输费用节约额}{武器装备运输计划费用额} \times 100\%$	武器装备运输费用节约额是装备运输部门通过审核计划、现场监装、提高装载标准、核减多收费用等途径，工作设计，防止运输事故，改进使实际支付的费用比原计划的数额减少的数额。该指标反映的是装备运输组织管理工作效率提高程度的指标，是衡量武器装备组织管理工作效率提高程度的指标
		运输能力利用率	$\dfrac{已完成的装备运输周转量}{装备运输工具总吨位 \times 公里数} \times 100\%$	该指标是装备运输部门现有运输能力总量中，实际投入装备运输的运力，现有运输能力是装备运输部门现有运输工具的标记吨位与行驶里程乘积的总量。该指标用于反映装备运输固定资本的使用效益
国防人事费指标	人均人事费指标	人均人事费	$\dfrac{国防人事费总额}{军人总量}$	该指标用于反映国防人事费总体情况，即国防人事费用全体军事人员中的分摊情况。该指标主要通过纵向比较来评估国防人事费与军人总量之间的关系，如该指标的下降趋势可能带来军事人才的流失
	军事人员收入指标	军人收入水平指数	$\dfrac{军队干部人均收入指数}{消费品零售价格指数} \times 100\%$	军队干部人均收入指数即军队干部的名义收入指数，是报告期军队干部、志愿兵人均工资及各项津贴补助额与基期人均收入的比值。该指标用于反映剔除了物价因素后的军队干部实际收入变动情况

续表

一级指标	二级指标	三级指标	指标计算公式	指标说明
国防人事费指标	军人生活水平	军人生活水平指数	$\dfrac{\text{军人月人均伙食费指数}}{\text{军人月人均商品零售价格指数}} \times 100\%$	军人月人均伙食费与基期水平相比的指数与食品类商品零售价格指数的对比关系用于反映军人生活水平实际变动程度。该指标与一般居民食品类消费指数的对比用于反映军人伙食费标准的合理程度
		伙食费利用率	$\dfrac{\text{军人营养标准实现率}}{\text{军人伙食费标准落实率}} \times 100\%$	该指标用于反映军人伙食费的使用效率。军人营养标准实现率是军人食品实际消费量与按军人合理营养需求的营养量的比值；人均每日实际伙食费与规定伙食标准的比值，以评估军人食品消费经费的保障程度

国防活动维持费指标包括国防消耗性支出、国防物资管理效益和国防工程投资效益 3 个二级指标，各二级指标下设置更为细致的三级指标，对国防活动中的基本消耗、物资管理和工程设施建设等环节进行评估。

武器装备费指标是用于评估实施和保障战斗行动的武器、武器系统和军事技术器材的国防经费效率，是国防经费转化为由武器装备形成的国防能力的效率。武器装备费包括用于战斗装备和保障装备的国防支出。武器装备费指标由武器装备效益和武器装备运输效益 2 个二级指标构成。武器装备费中还应包括用于武器装备研发的经费，但由于武器装备研发费用涉及一定的军事机密，因此在武器装备费指标中暂不设置相关的二级指标。

国防人事费指标反映国防经济运行过程中，国防部门的人员经费的使用效率，即国防人事费支出是否实现了预期的目标，如保障军人的生活条件及收入水平。国防人事费是吸引和稳定国防人力资源的经济基础。国防人事费指标主要包括人均人事费指标、军事人员收入指标和军人生活水平指标 3 个二级指标。

（二）国防支出的环境适应维度

国防支出的目标是为公众提供国防安全公共产品和服务，国防支出的环境适应性维度主要是通过国防支出形成的国防公共产品和服务的规模能否满足国内人民的安全需求，国防支出的外部效应能否完成国防建设的经济性职能以及国防支出形成的战斗力能否满足其军事职能来评估国防支出的效率。国防支出的环境适应性维度可以通过规模效益指标、国防支出产出指标和国防安全性指标 3 个一级指标进行评估，具体指标计算及指标说明如表 3 所示。

表 3　　　　　国防支出平衡计分卡环境适应维度指标及说明

一级指标	二级指标	指标计算公式	指标说明
规模效益指标	国防支出占 GDP 的比重	$\dfrac{国防支出}{国民生产总值} \times 100\%$ $\dfrac{国防分类别支出}{国民生产总值} \times 100\%$	该指标是国防支出规模的评估指标，从宏观上来评估，国防支出占 GDP 总量的比重反映了一国对国防的投入程度；从具体指标来看，分类别国防支出占 GDP 的比重反映了一国国防支出的投向，体现出一国的国防战略等政策

续表

一级指标	二级指标	指标计算公式	指标说明
国防财政	规模效益指标	国防支出贡献率 $\dfrac{\text{有效建设性支出额}}{\text{国防支出总额}} \times 100\%$ $\dfrac{\text{有效建设性支出额}}{\text{分类别国防支出}} \times 100\%$	该指标是评估报告期内，通过审核和验收的建设性项目占国防支出总额及分类别国防支出的比重。这类项目是经过审核证明其决策和管理都具有合理性的项目，体现出国防项目决策和实施的有效性
		国防支出间接效益 $\dfrac{(\text{军民两用})\text{建设性支出}}{\text{国防支出总额}} \times 100\%$	国防支出间接效益是国防支出的外部效益，是国防项目除直接效益外对社会产生的其他效益。该指标以军民两用的建设性支出占国防支出总额的比重来衡量溢出国防领域的效益
	国防支出产出指标	国防战斗力产出指标 $\dfrac{\text{军队战斗力提高程度}}{\text{同期国防支出总额}}$	军队战斗力提高程度是一个间接指标，无法进行直接计算和衡量，可以通过武器装备改进以及军人素质的提高带来的军队杀伤力和防御能力的提高来衡量。该指标可以通过不同时期数据的纵向比较反映国防支出效率的变化
		作战效益 $\dfrac{\text{作战行动的成果}}{\text{该行动的经费消耗额}}$	该指标是对国防投入—产出的直接衡量，是对作战过程国防支出绩效的直接评估。作战成果可用直接方法和间接方法确定，包括通过作战所获得的直接的收益和通过作战减少的不利因素的经济价值

续表

一级指标	二级指标	指标计算公式	指标说明
国防安全性指标	民众安全感指标	问卷调查	民众安全感是一个定性指标。通过问卷调查，由民众按照问卷提供的标准，根据自身主观感受，对所获安全感进行打分。安全感的衡量无法通过客观的量化获得，因此，以统计分析方法对回收问卷进行数据处理，最终将该指标进行无量纲化。该指标通过国防支出对民众安全感受的影响，反映了国防使命的实现程度
	全民人均国防费指标	$\dfrac{国防支出总额}{全国人口数}$	该指标是一个综合指标，是从总体上评估一国国防投入水平的指标。该指标表示国防支出在全体公民之间的分摊情况，是一国的人均武装水平。但该指标是一个间接指标，只能间接反映国民所获得的安全保障程度，因为国防支出不能完全转化为战斗力和防御能力
	人均装备费	$\dfrac{武器装备价值总额}{军人总量}$	该指标衡量武器装备在军人之间的分布情况，反映了军队武装程度，是评估国防支出由资金向国防资源转化的指标，可以作为衡量国防能力和战斗力水平的间接指标

规模效益指标包括国防支出占GDP的比重、国防支出贡献率、国防支出间接效益3个二级指标。规模效益指标主要衡量国防支出的规模是否能满足国防公共产品需求，包括国防支出总规模是否适度、国防建设经费是否满足国防项目对经费的需求以及国防支出产生的外溢效应等方面，通过评估国防支出形成的国防能力来衡量国防支出的结果能否满足居民对国家安全的需要。

国防支出产出指标包括国防战斗力产出指标和作战效益2个二级指标。国防支出产出指标反映了一定时期内，国防支出转化为军队战斗力并促进其提高的程度。国防支出产出指标是直接评估国防支出由国防经费转化为国防能力的指标，国防支出形成的战斗力水平表明国防产出水平。但国防战斗力产出水平与民众安全感之间呈现倒"U"形关系，国防战斗力产出水平带来民众安全感的提升，但当国防战斗力产出水平超过一定限度时,民众的安全感可能反而下降,因此,国防支出产出指标只能间接反映国防产出对民众安全需要的满足程度。

国防安全性指标是衡量民众获得的安全感的指标,包括民众安全感指标、全民人均国防费指标和人均装备费指标3个二级指标。国防安全性指标反映的是国防支出对国防公共产品的提供程度,以及国防支出对民众安全需求的满足程度。国防安全性指标由定性指标和定量指标构成。定性指标主要通过公众对安全感进行打分来进行评估;定量指标通过人均装备费和人均国防支出额来进行评估。

(三)国防支出的内部结构维度

内部结构维度从国防支出绩效评估的层次上包括结构绩效评估和专项绩效评估。主要通过评估国防支出投向结构是否合理、各支出项目所占用的国防资源是否实现了资源有效配置、不同军种和兵种的配置比例是否合理,以及单项国防支出项目之间的效益对比情况来评估国防支出绩效。在既定的国防支出规模下优化国防支出结构,是促进国防资源合理配置、提高国防支出效率的重要方面。国防支出内部结构维度的评估主要通过结构效益指标和国防支出专项测度指标2个一级指标以及相关的二级指标进行评估,具体指标计算及指标说明如表4所示。

表4　　　　国防支出平衡计分卡内部结构维度指标及说明

一级指标	二级指标	指标计算公式	指标说明
结构效益指标	各类支出占国防支出的比重	$\frac{分类别国防支出额}{同期国防支出总额} \times 100\%$	该指标由一组指标构成,包括国防各类别的支出占国防支出总额的比重。该指标考核的是各类指标占比情况的合理性
	各军兵种支出占国防支出的比重	$\frac{某军兵种支出额}{同期国防支出总额} \times 100\%$	各军兵种支出占国防支出的比重由各军兵种所消耗的国防支出分别占国防支出总额的比重等一组指标构成。该指标考核的是各军兵种占比情况的合理性
	各类项目支出占国防支出的比重	$\frac{某类项目支出额}{同期国防支出总额} \times 100\%$	该指标考核的是国防支出在各类项目上的配置合理性。按国防项目的类别,将国防支出分为不同的类别,各类别项目占国防支出总额的比重反映了各项目上的国防支出结构

续表

一级指标	二级指标	指标计算公式	指标说明
国防支出专项测度指标	装备平均采购耗费	$\dfrac{项目采购费用}{该项目装备采购标准个数}$	装备平均采购耗费反映在单项装备采购项目上，装备的平均耗费状况。该指标是在装备采购领域的国防支出消耗结构，是国防支出效益纵向和横向比较的基础性指标
	某类装备全寿命费用	研究费用 + 采购费用 + 维修费用 + 管理费用 + 报废处理费用	装备全寿命费用反映了某类装备从购置到报废的整个过程的全部耗费，是国防支出在各类装备上的支出结构，反映了国防经费在各类装备上的耗费分摊
	装备维修效益	$\dfrac{单类装备的维修费用}{该类装备完好率}$	装备维修效益反映了维修某类装备的效益水平，即某种装备达到一定完好率时所消耗的费用，是国防支出在维持装备性能的资金支出结构。单类装备维修费用越少，效益越高，反之越差

结构效益指标包括各类支出占国防支出的比重、各军兵种支出占国防支出的比重、各类项目支出占国防支出的比重3个二级指标，这3个二级指标的实质是三组指标，每一组指标都是各分类别支出占国防支出比重的集合。因此，这3个二级指标的评估得分是根据各类别支出占国防支出比重的合理程度进行的评估计分。该体系主要评估国防支出结构效益，包括各类支出费用的结构合理性。

国防支出专项测度指标是从中观或微观角度衡量某一专项军费投入产出水平的标准，评估单项国防支出在同类别国防支出中的效益水平，以及国防项目支出在总项目支出中所占比重的合理性。国防支出专项测试指标包括装备平均采购耗费、某类装备全寿命费用、装备维修效益3个二级指标，通过各国防支出项目在国防支出体系中的结构来评估国防支出绩效。

（四）国防支出的发展潜力维度

国防支出的发展潜力维度主要体现在国防科研投入、对官兵的培训与继续学习的组织等方面。教育与培训是提高发展潜力的重要手段和方法，通过学习、培训等途径,提高官兵的综合素质,提高官兵的操作技能,进而提高国防部门的科技研发能力。军人对工作的满意程度决定了国防系统对人才的吸引和保留能力,是国防系统发展的人力资源保障。国防支出发展潜力维度包括国防科研效益指标、人员培养训练指标和军人满意度指标3个一级指标,具体指标计算及指标说明如表5所示。

表5　　　　　国防支出平衡计分卡发展潜力维度指标及说明

一级指标	二级指标	指标计算公式	指标说明
国防科研效益指标	科研计划完成率	$\dfrac{科研项目实际完成数}{科研项目计划完成数} \times 100\%$	该指标主要用于反映国防科研活动成果的效益。科研项目实际完成数是报告期各单位实际完成的达到计划要求的科研项目数
	科研成果费用率	$\dfrac{完成科研成果的费用}{完成的科研成果数} \times 100\%$	该指标反映的是科研项目的平均研发成本,是已完成科研成果的平均经费消耗情况,主要用于反映国防科研费用的使用效益
	科研成果应用收益率	$\dfrac{转让科研成果收益额}{研发和转让成果总费用} \times 100\%$	该指标是评估国防科研成果溢出国防系统外部效益的指标,转让科研成果收益来自国防科研成果的军民两用以及军转民所带来的收益。为了指标的可操作性,成果转让收益只包括直接显性收益
人员培养训练指标	军事人员平均训练费用	$\dfrac{单项人员训练费用支出额}{该项训练达标人员数}$	以人员平均训练费用反映某项训练中达到训练标准的人员所耗经费的平均水平,是进行该领域投入产出的纵向和横向比较分析的量化基础
	军事人员平均培养费用	$\dfrac{军事人员培养费用支出}{军事人员总数}$	人员平均培养费用是人均用于军事人员进修、深造所消耗的国防支出。国防部门的军事人员的培养支出是国防部门人员素质提升的基础性支出,是部门发展潜力的经济保障

续表

一级指标	二级指标	指标计算公式	指标说明
军人满意度指标	军事人员对工作的满意程度	问卷调查	该指标通过对军事人员进行问卷调查,由军事人员根据自身感受对相关因素进行打分。该指标是一个定性指标,是军事人员对自身工作的待遇、工作环境、自身发展等各方面的满意程度

国防科研效益指标包括科研计划完成率、科研成果费用率、科研成果应用收益率3个二级指标。国防科研效益不仅包括科研活动结果带来的国防系统内部效益,也包括国防科研活动结果向民用转化带来的外部效益。

人员培养训练指标包括军事人员平均训练费用和军事人员平均培养费用2个二级指标。人员培养训练指标通过评估军事人员的训练和进修、深造情况反映国防系统发展潜力。

军人满意度指标是定性指标,反映军事人员对工作的满意程度。军事人员满意度指标是国防系统人才流动的信号,军人满意度不仅是国防系统吸引人才、保留人才的重要指标,也是保障军人工作积极性和工作效率的重要指标。

综上所述,国防支出平衡计分卡绩效评估由四个维度构成,各维度之间相互影响、相互制衡。只有保持四个维度之间的平衡关系,国防支出才能实现较高的绩效水平。当然,用于评估各维度的评估指标不是一成不变的,根据评估目标的设置、数据获取的难易程度、基础数据的可信度等影响因素还可以设置更多、更具体的评估指标,通过指标筛选,选择最具有代表性和可信性的指标对国防支出平衡计分卡的各维度进行绩效评估。

四、国防支出平衡计分卡的绩效评估标准制定

(一)国防支出绩效指标评估标准的制定依据

指标标准值是绩效评估指标的标尺或准绳,评分标准的设计方法选择会直接影响到指标的绩效得分,不同的评分标准反映了评估主体主观愿望的规范化方式,也为绩效评估从理论体系走向实证结果提供了量化的工具和手段。依据不同的尺度标准,评价的结论也往往不同。因此,通过国防支出绩效评估以实现降低军事所费与所得的对比关系,提高国防支出的使用效率,上述平衡计分卡四个维度的具体指标评分标准制定依据显得尤为关键。由于我国国防支出绩效评估的基

础数据十分欠缺，且相关部门没有对这一问题进行规定，因此目前还没有公认的评价标准可以借鉴。但是，具体可以采用以下几种方法作为各指标标准制定的依据。

1. 计划标准。即以国防系统内部各部门根据预先制定的年度、中长期目标、计划、预算、定额等作为评估标准。

2. 历史标准。即以国防系统内部各部门或相关政府部门、单位绩效评估指标的历史数据为样本，运用统计方法计算出的历史平均水平作为评估标准。

3. 行业标准。即以与国防内部各行业或相关行业的相关指标数据为样本，运用一定的统计方法计算得出的评估标准。

4. 先进标准。即以国防系统内部某一先进部门已经达到的最高历史水平或者拟订一个能够满足公众要求的满意水平作为评估标准。

5. 经验标准。即由专家根据实际经验和经济社会的发展规律，经分析研究后得出的评估标准。

6. 国际标准。即通过综合比较国外已实施的某类国防支出绩效所达到的结果，作为确定评估指标的定性评估标准。

（二）国防支出绩效指标评估标准的制定方法

1. 定性指标评估标准制定。确定国防支出平衡计分卡定性指标评估标准，可以采取李克特量表法（Likert Scale），分为五档，分别代表"优秀""良好""一般""较差""最差"。五点量表一般是最可靠的，选项超过五点，一般人难有足够的辨别能力，五点量表正好可以表示温和意见与强烈意见之间的区别。在具体实施时，定性指标的评估标准的测定通常是多种方法的综合运用，但较多的是依靠评估专家的专业判断或问卷测试形式进行，因此多采用专家评估法或问卷调查法。

（1）专家评估法。专家评估法是一种在专家主观判断的基础上，以专家的智慧和经验为信息索取对象，组织与国防系统内部各部门相关领域的专家，对国防支出做出评估的方法。专家凭借自己的经验，综合当时的政治、经济和军事发展形势，对评估指标做出经验判断，设定不同的分值档次应达到的条件标准，将专家提出的标准进行综合处理，以能代表大多数专家意见的经验作为定性指标评估标准。

（2）问卷调查法。问卷调查法是指根据一定的调查目的，以发放问卷并收回的形式，向国防系统内部各部门相关领域的专家搜集资料的一种调查方法。如

对于一些以公众为评估主体的指标,可通过问卷调查,由公众评判出各分值档次应达到的标准条件,并据此建立定性指标评估标准。问卷是一种特殊形式的调查表,其特点是用一系列按照严密逻辑结构组成的问题,调查具体事实和个人对某问题的反映、看法。问卷设计的好坏直接影响到数据的质量和分析的结论。

2. 定量指标评估标准制定。确定国防支出平衡计分卡定量指标评估标准,可以采取现代数理统计方法,通过收集国内外国防支出实际决算数和国防部门各级单位经费使用历史统计数据资料,分析数据的最大值、最小值和平均值,并结合实际情况,对最大值、最小值和平均值做出适当调整。根据定量指标评估标准的内容,依据计划标准、历史标准、行业标准、先进标准、经验标准和国际标准,通常需要确定以下 4 个数值:(1)最大值,即各评估指标最大可能实现的数值;(2)最小值,即各评估指标最低必须实现的数值;(3)适度值,即制定相应适度指标年度所要达到的适度数值;(4)目标值,即制定的年度所要达到的各指标绩效目标数值。

根据国防支出平衡计分卡绩效评估的特征,定量指标评估标准可以采取分段平均法。为了与定性指标一起综合计分,定量标准的档次级数划分也应与定性指标的级数相一致。根据最大可能值和最小可能值,可以按照 5 个档次对应分为 5 段,分别代表"优秀""良好""一般""较差""最差"。以负向绩效评估指标为例,可以采取下列计算公式确定逆向定量指标评估标准:

"优秀"对应区间为:

$$\left[最小值, 最小值 + \frac{(最大值 - 最小值)}{5} \right]$$

"良好"对应区间为:

$$\left[最小值 + \frac{(最大值 - 最小值)}{5}, 最小值 + 2 \times \frac{(最大值 - 最小值)}{5} \right]$$

"一般"对应区间为:

$$\left[最小值 + 2 \times \frac{(最大值 - 最小值)}{5}, 最小值 + 3 \times \frac{(最大值 - 最小值)}{5} \right]$$

"较差"对应区间为:

$$\left[最小值 + 3 \times \frac{(最大值 - 最小值)}{5}, 最小值 + 4 \times \frac{(最大值 - 最小值)}{5} \right]$$

"最差"对应区间为:

$$\left[最小值 + 4 \times \frac{(最大值 - 最小值)}{5}, 最大值 \right]$$

五、国防支出平衡计分卡的绩效评估计分方法

(一) 评估指标无量纲化

评估计分是国防支出绩效评估的基础工作,为了消除不同量纲的影响,需要对评估指标实施无量纲化,进行标准化处理。在具体评估计分时,可以根据定性指标和定量指标的不同性质,将定性指标进行模糊量化,对于定量指标先根据指标的基础数据进行计算,再将指标值进行无量纲化处理。

1. 定性指标无量纲化。虽然定性标准无法量化的自身特点决定了它在常规评估中通常不太受重视,但在国防支出绩效评估中,定性指标反映了国防支出绩效的重要部分,而且许多定性指标对国防经费使用效率的评估起到关键作用,因此,定性指标的作用是不可或缺的。然而,为了测度定性指标和定量指标在同一计分框架下国防支出的绩效水平,还必须将定性指标进行无量纲化处理。这里同样可以采取李克特量表法,即对定性指标评估标准的"优秀""良好""一般""较差""最差"5档模糊评语,采取等分法对百分数进行5档分值划分,如表6所示。

表6 定性指标评估标准量化分值

评分档次	指标评估标准档次	分值
一档	优秀	80~100
二档	良好	60~80
三档	一般	40~60
四档	较差	20~40
五档	最差	0~20

需要强调的是,为了保证定性指标评估标准的一致性,应明确规定每档评语的具体要求和基本边界。以公众对安全的满意度指标为例(见表7),对国防支出绩效评估定性指标进行量化。公众对安全的满意度是定性指标,没有一个明确的数值界限,但可以将公众的满意度划分为5个档次,每个档次确定打分的标准。

表7　　　　　　公众对安全满意度调查评分标准和分值界限

评分档次	评分标准	分值
非常满意（优秀）	近期本国没有发生战争的担忧，本国的国防建设有足够的能力对公众提供安全保护，当前的国防建设水平让公众感觉非常安全……	80～100
比较满意（良好）	近期本国没有发生战争的担忧，或者本国目前面临一定的安全威胁，但是本国的国防建设能够对公众提供安全保护，不会威胁安全……	60～80
基本满意（一般）	略	40～60
不满意（较差）	略	20～40
非常不满意（最差）	略	0～20

评估专家将根据自身的判断和主观感受在各档分值范围内对指标给出具体分值。分值区间划分越细，评分标准越具体，则定性指标计分结果的客观性越强。通过收集评估专家的评估结果，可以得到定性指标的基础数据。

2. 定量指标无量纲化。根据国防支出各项基础数据对绩效评估定量指标进行计算后，要将各指标数据转化成绩效分值，即相互之间具有可比性和可累计的绩效得分。确定定量指标的计分标准值和标准区间，按指标基础值对应的标准区间，将指标基础值转化成无量纲的绩效得分，进而得出各评估指标的绩效分值。对定量指标无量纲化处理，参照定性指标无量纲化同样的做法，对上述定量指标评估标准的"优秀""良好""一般""较差""最差"5档模糊评语，采取同样的百分制5档划分法（见表7）。将指标基础值转化成无量纲的绩效得分，一般可以采取功效系数法。

对于国防支出平衡计分卡的定量指标，由于存在正向评估指标、负向评估指标和适度评估指标之分，所以由指标基础值转化为相对的评估分数时存在以下三种转化。

（1）正向评估指标。正向评估指标为指标值越大，绩效越高的评估指标，其分数值计算公式为：

$$\text{分数值} = \text{分数下限} + (\text{指标值} - \text{最小值}) \times \frac{\text{分数上限} - \text{分数下限}}{\text{最大值} - \text{最小值}}$$

其中：分数上、下限是定量指标评估标准评价分数的上限和下限。

（2）负向评估指标。负向评估指标为指标值越小，绩效越高的评估指标，其分数值计算公式为：

$$\text{分数值} = \text{分数上限} - (\text{指标值} - \text{最小值}) \times \frac{\text{分数上限} - \text{分数下限}}{\text{最大值} - \text{最小值}}$$

（3）适度评估指标。适度评估指标是指在适度区间的某一点时，绩效最高；当评估指标对应的指标值小于适度值时，指标值越大绩效越高；当评估指标对应的指标值大于适度值时，指标值越大绩效越低。这种情况下，根据指标值所处的区间，分为三种情况。

● 当评估指标处于"适度"的状态时，其分数值计算公式为：

$$\text{分数值} = \text{分数上限} - 2 \times \left| \text{指标值} - \frac{\text{最大值} + \text{最小值}}{2} \right| \times \frac{\text{分数上限} - \text{分数下限}}{\text{最大值} - \text{最小值}}$$

● 当评估指标值小于适度值时，其分数值计算公式为：

$$\text{分数值} = \text{分数下限} + (\text{指标值} - \text{最小值}) \times \frac{\text{分数上限} - \text{分数下限}}{\text{最大值} - \text{最小值}}$$

● 当评估指标值大于适度值时，其分数值计算公式为：

$$\text{分数值} = \text{分数上限} - (\text{指标值} - \text{最小值}) \times \frac{\text{分数上限} - \text{分数下限}}{\text{最大值} - \text{最小值}}$$

（二）国防支出绩效评估指标权重的确定方法

国防支出绩效评估属于多目标决策问题，各评估指标的权重反映了其对国防支出绩效评估的重要程度，对于多指标、多层次的绩效评估可以采用层次分析法确定各指标权重。

1. 对国防支出平衡计分卡绩效评估指标建立递阶层次结构，按照评估指标体系的基本关系将一级指标、二级指标和三级指标分别确定为一个评估层次。

2. 在同一级指标之间构造比较判断矩阵，对各指标进行两两比较。每一级指标与其下一级指标之间具有隶属关系，下一级指标的权重代表各指标对其一级指标的重要程度。在同一级指标之间进行两两比较，通过咨询专家或由专业人员经验判断，确定每两个指标之间的相对关系，构建若干个判断矩阵。

3. 计算各层指标所占的权重。用和积法计算各指标的权重，如计算绩效评估指标 X_i 的权重 w_i。

4. 在得出下级指标的权重之后，计算其上层指标的组合权重。每一个评估指标的权重是指标在本级指标中所占的权重乘以该指标各上层评估指标的相对权重，从而得出各评估指标在总体评估体系中的绝对权重。通过层次分析法，最终确定国防支出平衡计分卡绩效评估各级指标的权重。

（三）国防支出平衡计分卡绩效评估计分模型

确定国防支出绩效评估的计分方法是进行评估计分的基础，在绩效评估过程中，要根据指标的不同性质选择适当的计分方法，即构建相应的绩效评估计分模型。构建计分模型的基本原理就是将评估指标进行无量纲化处理和转换，消除原始变量量纲的影响，通过对每个评估指标设置不同权重进行打分计算，然后根据一定的数学模型计算各个评估指标的综合得分，形成量化的评估结果（见图2）。

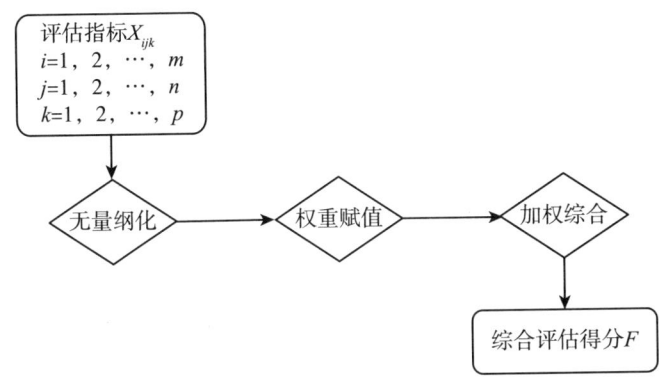

图2 国防支出平衡计分卡绩效评估计分方法

在多层次、多目标的国防支出平衡计分卡绩效评估指标体系中，评估指标进行无量纲化处理后分别为 Y_i、Y_{ij}、Y_{ijk}。其中：Y_i 表示一级指标，Y_{ij} 表示二级指标、Y_{ijk} 表示三级指标；相应指标的权重赋值为 w_i、w_{ij}、w_{ijk}；m 为一级指标的指标个数，n 为二级指标的指标个数，p 为三级指标的指标个数。通过加权综合求和的方法计算出评估对象的最后绩效得分 F。国防支出绩效评估计分的数学模型如下：

$$F = \sum_{i=1}^{m} Y_i \cdot w_i \quad (i = 1, 2, \cdots, m)$$

$$= \sum_{i=1}^{m} \sum_{j=1}^{n} Y_{ij} \cdot w_{ij} \quad (j = 1, 2, \cdots, n)$$

$$= \sum_{i=1}^{m} \sum_{j=1}^{n} \sum_{k=1}^{p} Y_{ijk} \cdot w_{ijk} \quad (k = 1, 2, \cdots, p)$$

值得注意的是，本文提出的国防支出绩效评估方法，一方面可以将各个绩效评估指标的实际指标数值与目标值进行对比分析，找出差距与改进路径，并制定相应的整改措施；另一方面可以得到国防支出各个维度以及整体绩效水平的综合得分，对比分析各个维度的差距与整改路径，而且可以进行时间序列纵向比较分析，以及未来发展与趋势预测分析。因此，本文的评估体系能够对国防支出绩效水平进行全面的、系统的和动态的综合测度与评估。

六、 国防支出平衡计分卡的绩效评估制度创新

（一）在国防部门内部建立绩效评估专门机构

美国的国防部成立了以国防采办绩效评估计划部为代表的评估机构。常设机构的存在使美国国防部门的绩效评估成为常规工作的一部分，也为绩效评估的广泛推行提供了制度保障和技术保障。我国目前的政府支出绩效评估工作由财政部门组织实施，江苏省、浙江省、广东省、黑龙江省、海南省等省份的财政厅设置了绩效评估部门，大多数省份尚未设置专门绩效评估部门。由于部门设置不统一，整体上的绩效评估工作难以对接，绩效评估组织工作弹性较大。国防属于全国性公共产品，从事权划分上，国防产品的供给主要由中央政府承担，按照我国目前的财政分级体制，国防支出也主要集中在中央一级，因此，其绩效评估工作的主体也应依靠中央一级部门完成。国防支出较其他财政支出项目更具有复杂性和特殊性，应在国防部门内部专门设置绩效评估部门进行国防支出的绩效评估。在国防支出绩效评估开展得最为广泛的美国，其国防部门内部针对国防部门的职能设置若干绩效评估部门，如国防采办绩效评估计划部等。国防部门内设置专门的绩效评估组织机构有利于根据国防支出的特点开展部门绩效评估，其评估结果也更具有应用性。

（二）建立国防支出绩效评估的法律保障

应尽快出台包括国防支出绩效评估等部门支出绩效评估的法律、法规，对政府及其所属部门支出绩效进行法律规范，建立对包括国防支出绩效评估在内的政府支出绩效评估的法律保障。我国目前关于政府部门绩效评估方面的法律、规章性文件仅有三项：2006年新修订的《中华人民共和国审计法》第一条，立法目的中增加"提高财政资金使用效益"；2006年分步实施的《中华人民共和国公务员法》中明文指出公务人员个人考核制度包括绩效考核；2009年6月，财政部颁布了《财政支出绩效评估管理暂行办法》，确定对包括部门预算管理在内的财

政性资金和上级政府对下级政府的转移支付以及部门预算支出进行绩效评估。此外，在我国现行的法律条款中对政府部门的绩效评估再无实质性的规定。为保障国防支出绩效评估的制度化、常态化，并做到财政资金的使用部门之间绩效结果的可比性，立法部门应当在财政部颁布的《财政支出绩效评估管理暂行办法》基础上制定财政支出绩效评估方面的法律，并制定部门绩效评估的相关法规，以法律的形式确立对政府和财政资金使用部门进行绩效评估的法律效力。

（三）完善国防支出绩效评估的执行依据

国防支出绩效评估的常态化需要法律保障，同时在执行过程中还需要相关制度作为绩效评估的执行依据。在国防支出的各个环节均应制定绩效管理的相关制度。英国、美国等国的实践可以作为我国绩效评估制度建设的借鉴。例如，英国政府在政府支出的各环节均有制度规定，以《中央政府产出及绩效评估指南》《地方政府法》《绩效审计手册》以及英国国防部颁布的《精明采办手册》等为代表的法律、法规及制度性文件，对政府支出的绩效评估范围、评估方法、绩效审计以及提高政府支出效率等各方面进行了指导和规范，使政府支出绩效评估及国防支出绩效评估有章可循。我国在预算编制、审计及国防支出的资金管理等各方面也应当制定提高资金使用效率的相关制度，并以此作为国防资金管理和绩效评估的制度依据，实现绩效评估的常态化和制度化。

（四）以绩效预算方式改进国防预算编制

绩效预算是绩效管理的重要环节之一，绩效预算是在绩效评估工作之前对部门资金的使用进行源头管理。我国在2003年首次提出进行绩效预算管理的预算改革，我国目前的部门预算编制也正向绩效预算方向改进，但目前仍未实现全面推行绩效预算。绩效预算是基于使命驱动、结果定位的预算方式，是以政府部门职能为基础，以"公共产品供给—公共产品成本—预算"的模式进行预算编制。国防被视为典型的纯公共产品，其供给规模和结构决定着在该领域政府职能的实现，因此，以政府职能为目标的绩效预算方式适用于国防预算编制。采用绩效预算方式，在预算编制阶段确定国防支出职能和国防支出绩效目标，并以职能和目标为导向安排预算资金；在预算执行过程中，追踪预算资金对绩效目标的实现程度，并通过绩效评估的方式得出预算执行对绩效目标的实现程度。通过对国防支出从预算安排到预算执行全过程的把握，提高国防支出的使用效益。将国防支出绩效评估的结果应用于下一年度的国防预算编制，实现国防预算安排的不断改进。

参考文献

[1] 任勇. 国防支出的绩效评价 [J]. 军事经济研究, 2002 (11): 16-18.

[2] 严剑峰. 试论国防支出绩效评价的流程与方法 [J]. 南京政治学院学报, 2006 (4): 47-52.

[3] 陈工, 袁星侯. 财政支出管理与绩效评价 [M]. 北京: 中国财政经济出版社, 2007: 209-214.

[4] 范柏乃. 政府绩效评估与管理 [M]. 上海: 复旦大学出版社, 2007: 87-89.

[5] 冯根松, 田云桥, 樊恭嵩. 军队绩效审计研究 [M]. 北京: 军事科学出版社, 2007: 65-68.

[6] 孔志峰. 公共政策绩效评价 [M]. 北京: 经济科学出版社, 2006: 168-173.

[7] 刘昆. 绩效预算: 国外经验与借鉴 [M]. 北京: 中国财政经济出版社, 2007: 142-146.

[8] 陆庆平. 公共财政支出的绩效管理 [J]. 财政研究, 2003 (4): 18-20.

[9] 申书海. 财政支出绩效评价 [M]. 北京: 中国财政经济出版社, 2002: 36-37.

[10] 刘明勋. 中国公共支出绩效评价指标体系研究 [D]. 广州: 暨南大学硕士学位论文, 2005.

[11] 张志超等. 美国政府绩效预算的理论与实践 [M]. 北京: 中国财政经济出版社, 2006: 174-177.

[12] 张旭霞. 公共部门绩效评估 [M]. 北京: 中国商务出版社, 2006: 21-23.

[13] 朱志刚. 美国联邦政府预算管理 [M]. 北京: 经济科学出版社, 2001: 114-116.

[14] 申书海. 财政支出绩效评价体系研究 [J]. 财政研究, 2003 (7).

[15] 朱志刚. 财政支出绩效评价研究 [M]. 北京: 中国财政经济出版社, 2003: 216-220.

[16] 朱春奎等. 公共部门绩效评估方法与应用 [M]. 北京: 中国财政经济出版社, 2007: 11-14.

[17] 卓越. 公共部门绩效评估 [M]. 北京: 中国人民大学出版社, 2004: 59-62.

[18] 财政部财政科学研究所《绩效预算》课题组. 美国政府绩效评价体系 [M]. 北京: 经济管理出版社, 2004: 162-165.

[19] 上海财经大学课题组. 公共支出评价 [M]. 北京: 经济科学出版社, 2006: 32-35.

[20] 冯鸿雁. 财政支出绩效评价体系构建及其应用研究 [D]. 天津: 天津大学博士

学位论文, 2004.

[21] 何玮佳. 高校国防科研管理绩效评价体系 [J]. 网络财富, 2010 (2): 59 – 61.

[22] 牛文杰, 牛文浩. 军费绩效预算及其评价体系 [J]. 军事经济研究, 2007 (10): 63 – 66.

[23] 李金泉. 加强国防动员绩效评估体系建设的几个问题 [J]. 国防, 2007 (12): 28 – 30.

[24] 殷彦谋, 解跃华, 罗焌钰. 基于 DEA 的国防科技工业企业技术创新绩效评价 [J]. 军事经济研究, 2007 (5): 29 – 31.

[25] 侯琳琳, 李航. 基于模糊综合评判的国防科技管理绩效评价研究 [J]. 中国科技论坛, 2010 (9): 16 – 21.

[26] 罗建国. 军工集团公司绩效考评思路与指标探析 [J]. 国防科技工业, 2005 (12): 36 – 38.

[27] 顾东明. 刍议军事人员的绩效考核 [J]. 军事经济学院学报, 2005, 13 (3): 23 – 24.

[28] Robert D. Behn: the Psychological Barriers to Performance Management: or Why Isn't Everyone Jumping on the Performance – Management Bandwagon? [J]. *Public Performance & Management Review*, Vol. 26, No. 1. Sep., 2002, pp. 5 – 25.

[29] Rodney McAdam, Shirley – Ann Hazlett, Christine Casey: Performance Management in the UK Public sector [J]. *International Journal of Public Sector Management*, Vol. 18, No. 3, 2005.

[30] Sandra Van Thiel, Frans L. Leeuw: the Performance Paradox in the Public Sector [J]. *Public Performance & Management Review*, Vol. 25, No. 3, Mar., 2002, pp. 267 – 281.

大数据与国防财政治理

陈建华 张 操[*]

[摘 要] 国防能力建设产生的大数据和大数据分析既是实现国防财政有效治理的关键因素，也是提升配置国防资源的有效手段，还是制定决策和预测未来国防能力建设发展方向的科学方法。通过对大数据的收集、挖掘和分析，提取有价值的信息并转化为知识体系，探寻国防能力建设的发展规律，科学预测国防建设未来发展方向，不断挖掘国防潜在能力，为大数据应用于国防财政治理提供基本思路。

[关键词] 国防能力 大数据国防财政 治理

国防财政治理的运行与决策是依据不同形式的军事任务、军事人力资本结构和武器装备有效结合的各种信息进行分析汇总。国防财政治理构建大数据的核心要义是利用信息化智能设备将涉及国防能力建设的数据进行智能化分析，将数据转化为有价值的信息并实现高层信息融合，最终形成知识创新系统。国防财政治理就是利用大数据的这些功能，以实现国防能力建设各部门的优化和协同，降低建设国防能力的成本，提升国防财政的效率。国防财政治理现代化的构建是以军事任务为目标，为应对敌对方形成的安全威慑，按照"循数"治理的现代预算制度，确保国防财政治理运行的规范化与科学化，提升国防能力建设的质量与效率。国防能力建设可以通过大数据挖掘分析，调整国防财政支出结构，引导国防能力建设的重点和发展方向。在国防财政治理中，大数据怎样产生、谁来收集、分析、预测？怎样构建以大数据为辅助的决策体系？怎样评估决策的可行性和合

---

[*] 陈建华：中央财经大学国防经济与管理研究院博士研究生；张操：国防大学军民融合发展研究中心讲师。

理性？大数据信息提取的成本是多少？大数据的分析是否能达到预期的期望？从现有文献中查阅发现，研究的成果较少。本文围绕国防财政治理中大数据与信息化的内容，通过对大数据的挖掘、分析、模型构建和预测，分析未来国防财政治理的发展方向。

一、大数据与信息化是国防财政治理现代化的重要内容

随着工业化与信息化的发展，政府作为国防财政支出与国防建设单一行为主体，逐渐演变为民用部门参与国防建设，竞争国防项目合同，参与涉及国防的各个领域中，特别是以信息技术为代表的高科技领域，民用部门发挥的作用也越来越重要。国防能力建设的多元化结构要求国防财政治理对国防财政支出规模、结构和运行进行重新建构，在注重国防能力建设的同时，要更多地关注经济效应和社会效应，在促进复杂国防装备系统发展的同时，对国家经济结构调整和技术进步带来的产业结构调整要有前瞻性。这种前瞻性在形成国防能力建设与国家经济建设决策中起到了关键性作用。决策具有一定的时空超前性，既注重当前建设的需要，也关注未来发展的潜力。形成决策需要有大量的信息融合为基础，而有价值的信息来源则是通过对实践获得的数据进行挖掘、分析得来的。因而，大数据既是国家治理的基础，也是国防财政治理的基础。

（一）大数据与信息化驱动国防财政治理现代化发展

国防财政治理中有价值的信息来源于大数据的挖掘和分析，数据收集越广泛，挖掘有价值的信息潜力越大，信息所含的价值量也就越大，为国防财政治理决策提供的依据也就越可靠。在国防财政治理中，因为参与治理的主体来源趋于多样化，从政府与国防部门主导，预测国防财政规模、规划军队结构、制订国防装备研发生产计划、预算军事人力资本成本支出等有关国防能力建设的事项，逐渐转变为国防部门与民用部门共同参与国防领域中可以实现军民融合发展的项目，如军事人力资本的保险、住房建设、武器装备的研发与生产等，只要严格遵守保密规定，民用部门可以参与大多数国防部门建设项目。国防能力建设参与主体的多元化需要国防财政治理构建以大数据为基础的新的组织结构和信息决策机制。大数据的作用不是在于数据本身的数量，而是在于从数据中提取有用的信息，并将信息转换成为国防财政规模和支出决策、国防装备制造、国防能力建设等有用的知识价值体系、服务体系和生产体系，并在已知的国防财政治理背景下，及时预测国防财政治理未知领域的治理内容和运行机制，在国防财政规模既

定的条件下，最有效地将配置资源转化为国防能力。

国防财政治理现代化是基于国防能力建设从供给型向需求型转变过程中，通过科学决策有效配置国防领域中的资源，并对国防潜在能力进行充分挖掘，实现国防能力建设成本最小化与国防能力最大化。国防财政治理的现代化应该从实现国防能力的价值和功能出发，通过大数据发现完成军事任务的国防能力不足方面，管理不可见问题，实现智能化辅助决策和武器装备生命周期可持续开发与生产，降低因技术进步导致装备换代更新的浪费，这些都离不开大数据的支撑。图1是可见的国防财政治理周期性运行分析，其中也包含了不可见的国防财政治理问题。可见的国防财政治理问题是从财政支出规模到形成支出结构的决策，从决策实施转化形成国防能力并记录数据，最终反馈到支出规模与决策，是一个周期反馈过程。国防财政具有周期性特征，从最初国防财政支出的原点出发，到转化形成国防能力周期累加，国防财政支出得到国防能力建设的信息反馈，并据此调整国防财政支出的方向和重点，以确保有能力止战与迎战。在形成周期运行的国防财政治理过程中，以国防能力为基础的大数据挖掘和分析会对国防财政治理以及决策实施产生影响，主要是调整国防财政规模、国防财政治理的运行机制和政策选择，通过军事任务的变化改变国防能力需要，进而改变国防财政决策的实施，并对国防财政支出结构进行调整。

| 国防财政治理：规模、能力、影响 | → | 决策实施：支出结构 | → | 国防能力：大数据构建 |

图1　国防财政治理运行周期示意图

军事人力资本与武器装备的组合是国防能力的现实反映。武器装备的技术特征决定了军事人力资本的构成。在军事人力资本固定的前提下，国防财政治理的不可见问题是以实现军事任务为基础的国防能力建设动态调整所产生的一系列需要预见性的问题，主要是复杂国防装备系统的研发、生产及组合等问题，复杂国防装备功能、可靠性以及研发与生产周期所产生的数据将会成为国防财政治理应用大数据分析的重点。

图2描述了大数据解决可见问题到不可见问题深化的过程。国防财政治理应用大数据分析，其治理的机会空间可以被分为四个部分：第一部分是满足国防财政治理的需求和解决可见的问题，比如国防财政运行低效、浪费、贪污、制度不

健全，监督不到位，重点是设定以军事任务为目标的财政支出数据标准化问题；第二部分在于避免可见的问题，需要从使用数据中挖掘新的知识为国防财政治理持续发展增加价值；第三部分在于利用创新的方法与技术去解决不可见的问题，如涉及国防能力建设因决策偏好产生的能力建设失衡、潜在武器装备供应能力的改变等；第四部分国防财政治理的终极目标是利用大数据实现军事任务的国防能力建设最优化，如武器装备与军事人力资本结合的最优化，生产国防能力的效费比实现最大化等。国防能力建设不可见问题是基于国家所面临的安全威慑以及制定战略决策的主观性产生的不确定性，国防财政治理的根本目标就是寻找制约国防能力建设不可见的潜在价值，避免不可见因素的影响，如国家技术进步和产业结构的变化带来的武器装备供给能力发生的变化、军事人力资本整体的提高与管理制度的互动等。

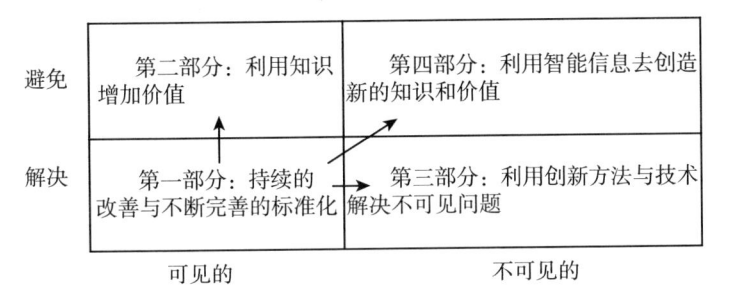

	可见的	不可见的
避免	第二部分：利用知识增加价值	第四部分：利用智能信息去创造新的知识和价值
解决	第一部分：持续的改善与不断完善的标准化	第三部分：利用创新方法与技术解决不可见问题

图2　大数据创造价值的实现路径

资料来源：Erik Blasch, Eloi Bosse, Dale A. Lambert. 高层信息融合管理与系统设计［M］．北京：国防工业出版社，2016.

大数据只是一个现象，其本身并不重要，利用大数据分析产生的智能信息去创造新的知识和价值才是根本目的。通过分析数据预测以军事任务为基础的国防能力组成，实现国防财政治理规范化与科学化运行。国防财政治理现代化应该包括以下几个方面：国防能力建设的数据标准化，国防财政支出结构动态变化，国防财政的决策效率、规范化与科学化，国防财政治理潜力挖掘等。

（二）大数据分析提升国防财政治理制定决策的效率、规范化和科学化

国防财政治理形成的决策是由不同军事任务组合形成的当期国防能力与潜在国防能力的现实反映，国防能力通过军事人力资本与武器装备有效结合所体现，但最终汇集到决策层的信息不仅是现有军事人力资本与武器装备形成的大数据信息，还应该包括国家经济能配置到国防领域的最大潜力、工业生产复杂国防装备

系统的能力、潜力与速度、国防装备更新换代老旧装备的淘汰率与新装备生产的速度、国防财政支出结构对经济结构和产业结构的影响以及军民融合和军民协同创新的相互作用等。因为现代危机和争端并不完全是军事上的,还可能涉及许多不同类型的其他利益相关者。军事及其他协作组织面临的问题变得非常复杂和棘手,这将导致现行任务要求的指挥决策活动更多地表现为分析和探索性活动,而不再是传统的对孤立对象的监视与控制。国防财政治理使用大数据的特点是构建国防能力向潜在国防能力的延伸,不仅仅关注现实的国防能力,还应该关注未来潜在的国防能力。国防能力的建设在于武器装备无论是战争中还是和平时期消耗与补充处于动态平衡中,并能根据战争的发展和敌对方使用武器装备,快速生产针对性武器装备。国防财政治理的最终目标是在实现国防能力的同时,使得消耗与补充的军事人力资本和武器装备处于一种动态的平衡。国防财政治理的决策不是单纯地考虑国防部门的利益,其必须同国家经济建设的发展相一致。

复杂国防装备系统的生产总是与国家最现代化的工业体系结构相联结。世界工业革命经历了三个发展时期,18世纪的机械制造标志着"工业1.0"时代,20世纪初的电气化与自动化工业生产标志着"工业2.0"时代,70年代信息化发展标志着"工业3.0"时代。信息物理系统(Cyber－Physical System,CPS)是新一代工业革命"工业4.0"的核心技术。"工业4.0"与前三次工业革命最大的区别在于:不再以制造端的生产力需求为起点,而是将用户端的价值需求作为整个产业链的出发点;改变以往的工业价值链从生产端向消费端、从上游向下游推动的模式,而是从用户的价值需求出发提供定制化的产品和服务,并以此作为整个产业链的共同目标,使整个产业链的各个环节实现协同优化,这一切的本质是工业视角的转变。

现代军事任务是根据敌对方武器装备的技术性能和军事人力资本来订购己方的武器装备技术需求和军事人力资本,这种需求具有一定的技术针对性,适应于个性化需求,"工业4.0"的发展内涵契合了复杂武器装备的需求模式。复杂武器装备"工业4.0"的概念有三个支撑点:一是制造本身的价值化,不仅仅是做好一个产品,还要将产品生产过程中的浪费降到最低,实现设计、制造过程与用户需求相配合;二是让系统在制造过程中根据产品加工状况的改变自动进行调整,在原有的自动化基础上实现系统的"自省"功能;三是在整个制造过程中实现零故障、零隐患、零意外、零污染,这就是制造系统的最高境界。"工业

4.0"将以实现用户使用价值为目标的个性化定制装备生产,通过大数据的适时反馈,实现人与装备的高度契合,在无延时的情况下对装备进行维护。通过大数据的使用,国防财政治理针对复杂国防装备系统的研发与生产,将不可知的问题显性化,使国防财政支出用于生产复杂国防装备系统的结构更加科学化,如装备的研发、生产、损耗、维护、换代等不确定性因素带来的隐性化问题逐步显性化,降低无效率的国防财政支出,提高国防财政治理决策的有效性。"工业4.0"时代,通过大数据的应用,军民深度融合发展,特别是军民协同创新领域,利用大数据挖掘得来的有价值的信息形成的知识体系,为创新发展提供持续的动力。

在国防财政治理领域中存在着许多无法被定量、无法被决策者掌握的不确定因素,这些不确定因素既存在于国防能力建设过程中,也存在于军事任务的完成过程中。国防财政治理如果不能结合大数据的使用,只能解决浅层的问题。如果国防财政治理使用了大数据,就可以逐步解决财政治理的深层次的不可见问题。通过大数据的应用,国防财政治理可以根据所完成的军事任务数据创建模拟国防能力的情景再现,从情景模拟中找到国防能力建设的不足,并不断调整国防能力的发展重点和方向。

(三) 大数据是国防财政治理多元信息融合的基础

有价值的信息提取是大数据应用的最重要功能。根据国防能力实现的不同军事任务,国防财政中累积的数据也会有很大的不同,如文本、图像、视频和记录数据等,同时,因为功能不同,有价值的信息也就具有不同的属性,单一功能数据所挖掘的有价值的信息对于指导高层决策者制定决策可能会给决策系统整体造成偏差,甚至损害国防财政治理的有效性。将来自不同功能的信息进行融合将是实现国防财政有效治理的关键环节。信息融合根据数据挖掘和分析的能力分为低层信息融合和高层信息融合。大数据浅层挖掘的有价值的信息包括记录、分析、调整;深层挖掘的有价值的信息包括分析、预测、调整。如图3所示的数据融合信息群组模型,信息融合共分为七个层级,通过信息化与智能化的数据挖掘和分析,分离出有价值的信息,并传输给高层决策者,通过人机交互的模式,制订决策依据和执行的计划或方案,对国防领域的资源进行有效配置。

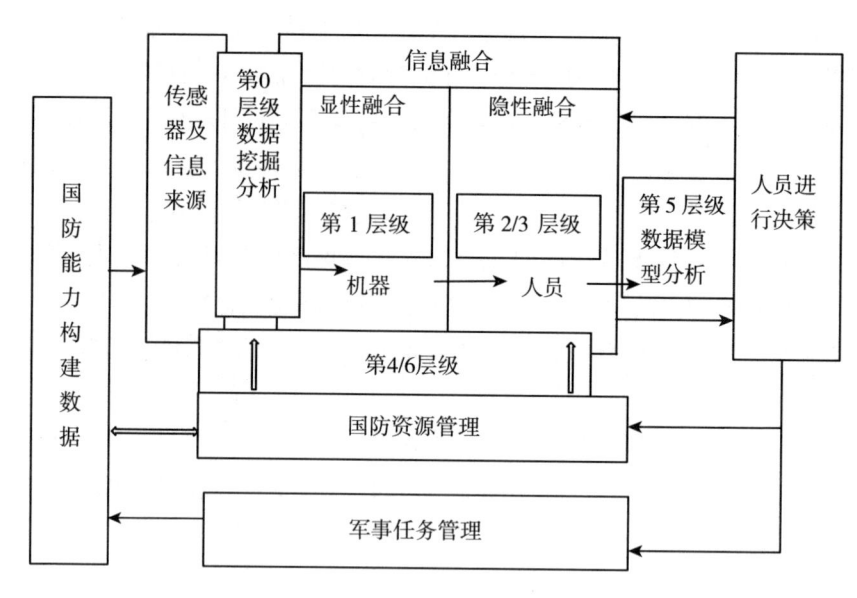

图3 数据融合信息群组模型示意图

资料来源：Erik Blasch, Eloi Bosse, Dale A. Lambert. 高层信息融合管理与系统设计[M]. 北京：国防工业出版社，2016.

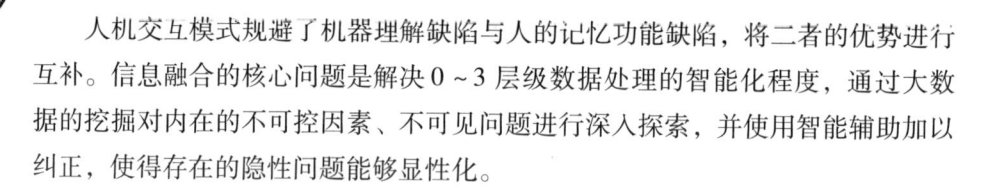

人机交互模式规避了机器理解缺陷与人的记忆功能缺陷，将二者的优势进行互补。信息融合的核心问题是解决 0~3 层级数据处理的智能化程度，通过大数据的挖掘对内在的不可控因素、不可见问题进行深入探索，并使用智能辅助加以纠正，使得存在的隐性问题能够显性化。

二、国防财政治理中大数据的应用

国防能力建设的两大方面是：武器装备的生产研发和军事人力资本的结构，其他的投入与建设都是围绕这两大系统来实现的，如信息技术的应用、后勤保障等。国防能力建设必须依靠所要实现的军事任务为基础，通过军事人力资本与武器装备配置的结构设计，实现战斗力的需要。涉及国防财政治理所需要的大数据，不仅局限于连续几期固定国防财政规模投入所实现的国防能力的数据收集，更重要的是要延伸到潜在的军事人力资本、潜在的工业与产业所能制造的武器装备和潜在的国家经济发展的数据收集。大数据普遍有以下 6 个特征：

Volume——量，即非结构化数据的超大规模和快速增长。

Velocity——速度，即实时分析而非批量式分析，数据的产生与采集异常频繁。

Variety——多样性，即大数据的异构与多样。

Veracity——真实性，即避免数据收集和提炼过程中发生的数据质量污染所导致的"虚假"信息。

Visibility——可见性，即通过大数据分析使以往不可见的重要因素和信息变得可见。

Value——价值，即通过大数据分析得到的信息被转换成价值。

因而，通过构建数据标准体系，大数据的构建、分析与辅助决策应该遵循大数据特征，实现数据分析与决策的高度融合，在理想化的状态下，国防财政支出结构的调整与实际的国家安全态势感知有机融合。

（一）大数据构建

大数据作为提取有价值信息的基础，需要根据国防财政治理所涉及的功能范围来确定。数据来源必须与实现军事任务的国防能力建设高度相关，在假设军事人力资本的稳态变化的情况下，实现军事任务的关键是复杂国防装备的研发、生产及更替。大数据需要围绕工业体系生产复杂国防装备的能力来进行，并兼顾产业结构升级。图4中只是简单地显示了以军事任务为基础的数据构建和流向。因为数据分析具有反馈的作用，因而，利用大数据挖掘形成的有价值的信息最终为国家产业结构调整和工业生产能力提供了创新动力。

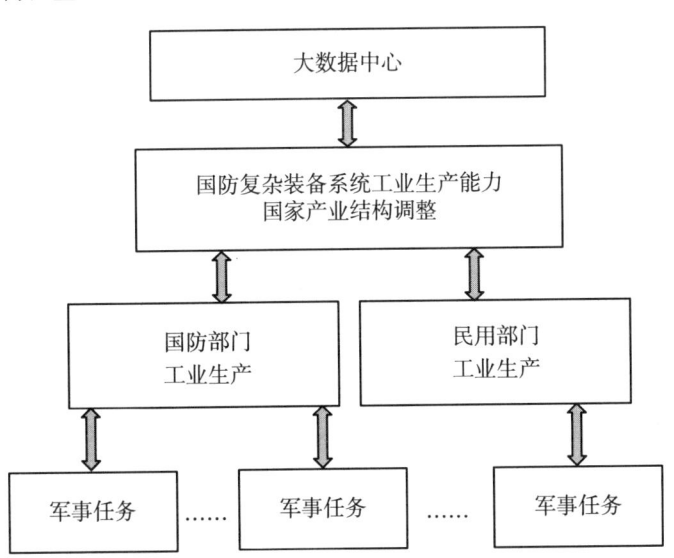

图4 国防财政治理数据构建和流向示意图

复杂国防装备系统技术的发展驱动着军事革新和发展，也推动着围绕武器装备军事人力资本结构的变化。利用国家工业生产能力数据指标体系，也能很好地统一国防财政治理数据标准，对于评估国防财政治理的有效性是一种很好的实践方法。

（二）大数据分析

大数据分析是基于对数据的统计分析，描述数据表现出的事物属性。规定：利用历史数据建立分析模型和规范化的分析流程，建立数据到信息的输入输出关系，实现连续数据流的实时分析。预测：通过对数据的深层挖掘建立预测模型，实现对不可见因素当前和未来状态的预测。数据挖掘可以分为纵向数据挖掘和横向数据挖掘：纵向的价值挖掘，需要使用工业大数据思维，从面向应用价值的功能与目标出发，反推需要分析与利用的数据要求，进而设计满足要求的物联网数据环境与数据标准；横向的价值发掘，可以使用互联网大数据思维，从数据端出发，利用数据本身的统计特性挖掘关联特征，这个是发散的、不确定性的，由此可以获得领域以外的新价值。

按照"工业4.0"设想目标，态势感知形成的大数据通过信息化智能方式进行处理，可以实现按照用户设定的功能进行个性化工业生产，同时，在使用的过程实时监控设备的运行情况，无延误更换受损部件，以及不断改进设备的质量，降低维护成本。大数据分析形成的有价值信息就成为"工业4.0"可达预期目标的关键。如果将国防能力建设归结为国家工业生产能力的话，大数据分析和信息化就是国防财政治理有效性的关键环节。大数据分析的目的主要是产生有价值的信息，那么"信息是什么？约束信息的传播或转化又是什么？"香农（1948）通过两个方程给出了以上两个问题的终极答案：

$$I = - p \log_2 p \quad (1)$$

$$C = W \log_2 (1 + S/N) \quad (2)$$

其中：方程（1）中 I 代表信息的量，p 代表事件发生的概率。方程（2）中 C 代表信息传输的容量，W 代表带宽，即信息载荷量，S 是指信号的强度，N 代表环境噪声。

方程（1）是解释信息的含义：一个事件越是不可能发生，它的发生就传达了越多的信息。方程（1）给出了在意外和概率的基础上获得的有关事件的知识信息，信息和你所不知道的东西的多少成正比。同时，任何事件的现实形象化表述都可以分解成相关联的信息,并用比特单位表达事件信息量的大小。方程(2)的含义是,在给定的媒介中,每秒钟可以传输信息的比特数有一个极限,这个极限是由信道的带宽和噪声规定的。[①]

确定了信息的来源,就可以确定与国防能力有关的大数据的范围,也就能够确定大数据分析的难易程度。有价值的信息总是隐藏在大数据中,大数据收集越充分,大数据分类越细化,那么数据分析获得的信息也就越有价值。因而,大数据分析的基础是大数据标准的设定和大数据收集分类。

(三) 大数据辅助决策

国防财政治理所依赖的大数据在形成军事任务的决策上最终是由权威领导层决定的,信息技术智能化处理大数据形成的有价值信息并不能直接转化为军事任务的行动指令。因为,执行军事任务的决策虽然全面衡量了国家所受威胁的程度,但是否执行该决策更多地取决于政治目的。如图3所示,大数据辅助决策设定在第5层级,决定了国防资源配置和军事任务管理在同一个决策层面上,并由此形成了一个国防能力建设周期的闭环。大数据辅助决策要重点关注:挖掘数据生成的有价值信息传递的及时性;执行决策的时滞性问题;信息融合创造知识体系的能力。国防财政治理实质是调整动态的国防支出结构以适应国防能力建设的变化。国防财政治理产生的大数据要符合数据生成的速度、质量等特征,以适应动态变化的过程,理想的状态是大数据挖掘的有价值的信息无失真、无延时地传递到决策高层,执行的决策在于实际有偏差时能及时调整。执行决策存在周期性,因而会产生时滞性问题。如对发生战争的错误预判,会导致生产当期急需的武器装备,一旦战争不发生或战争立即结束,那么过度生产的武器装备在技术发展中面临更新换代,这就会造成配置在国防领域的资源极大的浪费。反之,武器装备生产不足带来毁灭性的战争失败后果,或是国家经济周期性的波动和技术进步带来的复杂国防装备系统生产成本的上升会对配置到国防领域的资源产生重大影响,如果预估不足,就会削弱国防能力建设。国防财政治理利用大数据主要是创造信息融合的知识体系,使不可见问题显性化,减少不确定性。国防财政治理中,信息融合不仅是辅助决策的唯一路径,也是创造新的知识体系的关键因素。新的知识体系会带来认识国防财政治理规律思维的新高度,更能揭示和掌握国防

---

① 格雷厄姆·法米罗. 天地有大美:现代科学之伟大方程[M]. 上海:上海教育出版集团,2006.

财政治理运行的规范性和科学性，有效提升国防财政治理的能力。

三、大数据分析推动国防财政治理未来的发展方向

在不涉及政治目的军事任务后，大数据与国防财政治理未来发展方向将趋向一致，就是以信息技术进步为推动力，无时滞协同各部门的信息融合，将不可见问题显性化，创造新的知识体系，为创新提供动力，最终修正决策中存在的偏差。因而，信息融合、数据与信息服务的类型将推动国防财政治理结构的动态变化，为深度挖掘国防能力的潜力提供保障。

（一）以大数据为基础的国防财政治理信息融合是未来发展的方向之一

国防财政治理中的大数据使用与一般意义上的财政大数据使用具有相同性，即公共部门影响资源的配置和收入分配的方式。国防财政治理中的大数据使用也有其自身的特性，如更注重配置资源追求先进技术在复杂国防装备系统中的使用，更注重通过国防财政治理的调节，使承担不同的军事任务单元具有更加灵活组合的能力，更加注重投送军事任务单元的速度等。如果把国防能力作为有机协同的整体，那么国防财政治理就是协同整体运行机制的保障，这种运行机制高度依赖信息的传输质量和速度，即各部门信息的高度融合，才能有效确保国防能力动态调配。

人类追求技术发展生产力最终的目的是实现以信息融合为基础的智能化生产，通过智能传感器感知各种生产设备的运行状态积累的数据，利用设定的逻辑运算分析现存的缺陷，并改进生产设备的精度和产品的质量。复杂国防装备生产可以代表一国最高工业生产水平，创新技术因其极大的不确定性会产生大量的信息，这些信息在形成知识体系时，需要几倍于知识体系的信息作为基础。因而，信息融合是形成知识体系的基础，也是协同创新的基础。信息融合的绝大部分内容可以通过智能化运算实现，而部门分割的信息整合就需要人类创新活动来弥补，这是学科差异造成的割裂。在国防财政治理系统内，信息融合生产的知识体系可以弥补各部门信息分割，通过建立信息标准，联结各部门信息形成统一的信息综合体。信息结构影响组织结构的变化。推动信息融合就是在已形成的军事任务单元中搭建可以相互拼接的"桥梁"，减少不确定性带来的协同困难。国防能力不仅仅是在于拥有多少先进的武器装备，而更多的是在于军事任务单元的灵活性组合，实现国防能力动态调节。

(二) 数据服务类型将成为设计国防财政治理组织结构的重要依据

现代武器装备系统功能越来越复杂，武器装备系统是由各种工程学科知识转化成现有功能价值组成的，为实现整体功能，创新活动产生了大量的信息，简单的等级制创新体系无法应对这些信息，信息的加工与传输会占据大量的人力资源与物质资源，如果组织结构不能适应信息结构的这种变化，就会影响到组织的绩效。组织结构的演化是协同信息的效率导致的。组织绩效是随着组织信息量的增加而发生变化，组织处理信息的能力越大，组织的形态越趋于竞争状态的多级体系，组织的规模呈小型化。国防财政治理是一种复杂的组织结构，同时存在外部威胁的竞争状态，组织绩效是衡量国防财政治理有效的标准。创造国防财政治理内部竞争的多级体系组织结构是有效处理信息的必然选择路径，组织单元必将随着智能元器件感知态势能力的发展，即收集、挖掘和分析数据能力的增强逐步呈现小型化、专业化。数据生成的标准和转化为有价值信息的能力将促使国防财政治理结构发生改变，不断驱动国防财政治理信息高度融合、组织结构高度灵活。

(三) 大数据与信息化是深度挖掘不可见国防能力的重要保障

国防能力既取决于现有军事人力资本和武器装备，也取决于潜在军事人力资本挖掘和武器装备的生产。因而，国防财政治理关注的不仅仅是当期国防财政支出结构所带来的国防能力，也需考虑国防财政支出机构对未来国防能力的影响。国防财政治理的有效性在于财政动态的变化过程中，财政政策与实际财政运行的偏差性通过大数据的挖掘与分析不断修正，以适应财政治理的需要。财政政策具有时滞性特征：政策制定与执行、反馈、再制定政策的周期性，可以通过大数据的形式缩短政策调整周期时间。缩短国防财政运行周期是国防财政治理的重要内容之一。

事物的发展总是在高度关联的其他事物中呈现本质属性，脱离了高度相关的其他事物映射，"自证"事物的属性不仅不可取，而且也不可能完全揭示事物的本质属性。大数据的本质就是将关联的事物相互联系起来，不仅揭示了单一事物的本质属性，同时也揭示了不同事物之间组合所呈现的整体功能的放大。大数据的功能就在于反映了与个体事物相互关联的属性记录，这种属性记录是隐藏在数据中的，需要通过智能传感器与人的结合加以挖掘和分析，以揭示这种关联性。国防财政治理不仅是财政支出的问题，更多的是关注与国防建设相关的一切关联性活动的影响，与其他影响国防能力建设因素的关联性，并能快速使这种关联性融合的能力是国防财政治理研究的核心内容。深度挖掘不可见国防能力，如军事

任务单元的灵活组合、武器装备生产能力与潜在能力、技术进步等，需要建立以大数据为基础的信息结构作为保障，以期将影响国防能力建设的不可见问题显性化，通过协同的方法增强国防能力。

大数据是人类生产实践活动发展的必然趋势，通过对能量转换与控制的本能驱动，智能化的传感器感知态势的数据收集、加工、分析等将成为驱动生产实践的深度发展。大数据在国防财政治理中的应用价值包括：使隐性问题显性化，避免不确定的风险；将大数据与先进的分析工具相结合，缩短国防财政运行周期；利用数据寻找国防能力建设缺口，深入挖掘潜在国防能力。量化治理思想和技术运用的程度决定着国家治理的科学化水平。"循数"治理和信息技术的结合以量化国防财政治理运行机制，通过大数据和云计算等技术平台，实现智能化的逻辑运算。大数据可以发现国防财政治理的内在运行规律，逐渐消除因人治理产生的缺陷。国防能力作为保护人类生产实践活动成果的重要力量，其发展必先受到大数据与信息化的影响。军事领域既是信息融合的诞生地，也是信息融合技术应用最为成功的地方，可谓是最急切需要信息融合的领域。国防财政治理作为驱动国防能力建设发展的核心要素，组织结构和信息融合能力将决定国防财政治理的有效性，并最终影响国防能力建设的发展。大数据可以通过以军事任务为载体，以智能传感信息作为服务媒介，推动国防财政治理的价值链延伸，并利用数据挖掘所产生的信息为国防财政治理提供辅助决策。确立以大数据与信息化建设的国防财政治理理念刻不容缓。

参考文献

[1] Erik Blasch, Eloi Bosse, Dale A. Lambert. 高层信息融合管理与系统设计 [M]. 北京：国防工业出版社，2016.

[2] 郭建锦，郭建平. 大数据背景下的国家治理能力建设研究 [J]. 中国行政管理，2015（6）.

[3] 李杰. 工业大数据：工业4.0时代的工业转型与价值创造 [M]. 北京：机械工业出版社，2015.

[4] 财政部国库司. 大数据时代：推开财政数据挖掘之门 [M]. 北京：经济科学出版社，2013.

[5] 徐继华，冯启娜，陈贞汝. 智慧政府：大数据治国时代的来临 [M]. 北京：中信出版社，2014.

图书在版编目（CIP）数据

国防财政：治理、结构、规模/陈波，余爱水主编．
—北京：经济科学出版社，2019.2
ISBN 978-7-5218-0287-0

Ⅰ.①国⋯　Ⅱ.①陈⋯②余⋯　Ⅲ.①国防预算 -
研究 ②国防支出 - 研究　Ⅳ.①F810.454

中国版本图书馆 CIP 数据核字（2019）第 034644 号

责任编辑：侯晓霞
责任校对：郑淑艳
责任印制：李　鹏

国防财政
治理、结构、规模

陈　波　余爱水　主　编
侯　娜　张军果　副主编

经济科学出版社出版、发行　新华书店经销
社址：北京市海淀区阜成路甲 28 号　邮编：100142
教材分社电话：010-88191345　发行部电话：010-88191522
网址：www.esp.com.cn
电子邮件：houxiaoxia@esp.com.cn
天猫网店：经济科学出版社旗舰店
网址：http://jjkxcbs.tmall.com
北京密兴印刷有限公司印装
710×1000　16 开　9.5 印张　170000 字
2019 年 10 月第 1 版　2019 年 10 月第 1 次印刷
ISBN 978-7-5218-0287-0　定价：38.00 元
（图书出现印装问题，本社负责调换。电话：010-88191510）
（版权所有　侵权必究　打击盗版　举报热线：010-88191661
QQ：2242791300　营销中心电话：010-88191537
电子邮箱：dbts@esp.com.cn）

国防经济学系列丛书

("十二五"国家重点图书出版规划项目)

1. 《国防经济学》
   陈波/主编,郝朝艳、余冬平/副主编,2010年12月出版,88.00元
2. 《国防经济学前沿专题》
   陈波/主编,郝朝艳、侯娜/副主编,2010年12月出版,35.00元
3. 《冲突经济学原理》
   [美]查尔斯·H. 安德顿、约翰·K. 卡特/著,郝朝艳、陈波/主译,2010年12月出版,39.00元
4. 《战争与和平经济理论》
   [法]范妮·库仑/著,陈波、阎梁/主译,2010年12月出版,39.00元
5. 《国防采办的过程与政治》
   [美]大卫·S. 索伦森/著,陈波、王沙骋/主译,2013年12月出版,38.00元
6. 《现代国防工业》
   [美]理查德·A. 毕辛格/主编,陈波、郝朝艳/主译,2014年3月出版,76.00元
7. 《国防经济思想史》
   陈波、刘群等著,2014年4月出版,78.00元
8. Arms Race, Military Expenditure and Economic Growth in India.
   Na Hou(侯娜)/著,2015年4月出版,36.00元
9. 《国防预算与财政管理》
   [美]麦卡菲、琼斯/著,陈波、邱一鸣/主译,2015年5月出版,72.00元
10. 《城堡、战斗与炸弹:经济学如何解释军事史》
    [美]于尔根·布劳尔、休帕特·万·蒂尔/著,陈波等/译,2016年4月出版,59.00元
11. 《军事资本:模型、方法与测度》
    闫仲勇、陈波/著,2016年10月出版,32.00元

12. 《和平经济学》

   [美]于尔根·布劳尔、[英]保罗·邓恩/著，陈波、侯娜/主译，2016年11月出版，32.00元

13. 《国防财政：治理、结构、规模》

   陈波、余爱水主编，2019年10月出版，38.00元

14. 《国防金融：理论与实践》

   陈波、余冬平主编，即出

此系列丛书联系方式：

联系地址：北京市海淀区学院南路39号　中央财经大学国防经济与管理研究院

邮　　编：100081